KB105704

나는
미국에서
엔지니어로
1억 더 번다

나는 미국에서 엔지니어로 1억 더 번다

지은이 이진태

발행일 2018년 11월 27일

펴낸이 양근모

발행처 도서출판 청년정신 ◆ **등록** 1997년 12월 26일 제 10—1531호

주 소 경기도 파주시 문발로 115 세종출판벤처타운 408호

전 화 031)955—4923 ◆ **팩스** 031)955—4928

이메일 pricker@empas.com

나는 미국에서 엔지니어로 1억 더 번다

이진태 _ 지음

꿈은 이루어진다

2004년 6월, 나이 서른에 늦깎이 미국 유학을 떠났다. 한국에서 학부와 대학원을 졸업하고, 전공분야인 토목설계 회사에서 5년간 경력을 쌓은 시점에서 내린 결정이었다. 군대 생활을 하지 않은 덕분에 남들보다 어린 나이에 석사학위를 받고 일찍 사회생활을 시작할 수 있었다.

아, 물론 군대를 면제받은 것은 아니다. 현역으로 군대에 가는 대신 돈도 벌고 경력도 쌓고 싶어서 당시 공대생들에게 유행했던 병역특례 대체복무를 선택해 전문 연구요원으로 꼬박 60개월 동안 군복무를 대체해 업계에서 실무를 쌓았다. 요즘에는 군복무 기간이 줄어들면서 병역특례도 의무복무 기간이 많이 줄어든 것으로 알고 있는데, 어쨌든 그렇게 5년간 설계회사에서 일을 배우며 나름 경력을 쌓을 수 있었던 것이다.

그사이 남들처럼 결혼을 하고 아이도 낳으며, 엔지니어로서의 인생 형태가 어느 정도 갖추어져 가고 있었지만 마음 한구석에는 여진히 뭔가 허전함이 떠나질 않았다. 오래전부터 동경해 오던 더 넓은 세상에서의 삶, 미국 유학의 꿈 때문이었다.

하지만 결코 쉽게 결정을 내릴 수 있는 상황은 아니었다. 30년 동안 한국에서만 살아왔던 우물 안 개구리인 내게 '미국'이라는 나라는 너무도 막연한 존재였다. 어학연수는커녕, 배낭여행도 한번 가보지 못한 미지의 나라였다. 영어를 잘 하는 것도 아니었고, 그 흔한 토익, 토플시험도 한번 본 적이 없었다. 미국에 대해 아는 것이라곤 수도가 워싱턴 D.C.라는 것과 당시 대통령이었던 조지 부시, 그리고 뉴욕, 엘에이, 시카고 등 몇몇 대도시 이름 및 하버드, MIT 등 몇몇 유명한 대학이 전부였다. 정말 뉴욕이 어디에 붙어 있는지, 엘에이가 어디 붙어 있는지도 잘 몰랐다. 그야말로 무지 그 자체였다.

막상 유학을 결정하고 나니 당장 어디로 가야 할지가 걱정이었다. 미국 유학을 가게 되는 전형적인 과정은 다들 비슷하다. 우선 한국에서 토플, GRE(Graduate Record Examinations, 일반대학원 진학시험) 등 미국 대학원 입학에 필요한 영어시험을 치른다. 그 영어 성적을 가지고 여기저기 지원을 하고, 합격통보를 받은 곳 중 최종 장소를 결정해서 유학을 가는 것이 가장 일반적이다.

하지만 나는 GRE는커녕, 토플시험도 한번 본 적 없는 상태였다. '일단 저지르고 보자.'는 심정으로 무작정 회사에 사표를 던졌다. 미국 유학을 핑계로 5년 간 다녔던 회사를 나왔다. 회사에서는 물론, 나를 아는 주변 사람들 대부분이 반대했다. 그냥 한국에서 직장에 다니면서 공부를 하면 되지, 잘 다니고 있는 직장을 그만두고 나이 서른에 갑자기 무슨 유학이냐는 것이었다. 더군다나 아내와 네 살짜리 딸아이도 함께 데려간다고 하니 다들 걱정하는 분위기였다. 틀린 말은 아니었다.

하지만 지금 나가지 않으면 영영 못나갈 것만 같았다. 한번뿐인 인생, 한번쯤은 미국이라는 넓은 곳에서 살아보고 싶었다.

'언제까지 우물 안 개구리로 살 것인가? 그래도 한번은 큰물에서 놀아봐야 하지 않을까?'

매일 똑같은 생각이 머릿속에서 맴돌았다. 전공분야의 박사학위를 받는 꿈도 있었지만, 영어에 대한 갈망이 더 컸는지도 모르겠다. 글로벌이니 지구촌 세상이니 하면서 영어의 중요성은 나날이 커져가는데, 말 한마디 제대로 못하는 나 자신이 초라해 보였다. 어쩌다 영어를 좀 하는 사람들을 보면 그렇게 부러울 수가 없었다. 그들처럼 자연스럽게 외국인이랑 농담도 주고받고, 때론 당당하게 영어로 논쟁도 벌여보고 싶었다. 어차피 영어의 그늘에서 벗어나기 힘든 삶이라면 현지에서 제대로 한번 배워보자는 생각에 결국 회사를 나왔던 것이다.

막상 사표를 던지고 나니 더욱 막막했다. 안정된 직장인에서 하루아침에 '백수'로 처지가 바뀐 것이다. 초조하고 불안정한 하루하루가 시작되었다. 처음으로 미국 지도를 펼쳐놓고 어디가 어딘지 살펴보았다. 그때 깨달았다.

'아, 이래서 다들 미국, 미국 하는 거였구나….'

우리나라 100배나 되는 광활한 미국, 얼핏 지도로만 살펴봐도 스케일이 엄청났다. 하지만 나는 그 광활한 미국 땅에 일가친척 하나 없었다. 먼 친척이라도 하나 있으면 이것저것 물어보기라도 하겠는데, 그야말로 비빌 언덕조차 없었다. 막막했다.

무식하면 용감하다고 했던가? 어느 날 아내와 오래된 영화 〈시애틀의 잠 못 이루는 밤〉을 보며 결정했다.

"그래, 시애틀로 가자!"

장소를 시애틀로 정한 건 크게 두 가지 이유였다. 첫째는 일단 서부지역으로 가고 싶었다. 솔직히 한 번도 가보지 못한 미국에서의 삶에 자신이 없었다.

'영어 한마디 못하는 내가 과연 잘 해낼 수 있을까?'

'아내와 아이도 데려가는데, 몇 년 동안 공부만 하면서 어떻게 먹고살지?'

유학 실패에 대한 걱정이 꼬리에 꼬리를 물었다. 남들처럼 대학원 입학허가(Admission)를 받고 나가는 상황이 아니었기 때문에, 과연 어느 학교에서 오라고 할지, 그야말로 아무것도 알 수 없는 상황이었다. 일단 나가서 토플이랑 GRE 시험을 보고 여기저기 지원할 계획이었다. 결정된 건 정말 아무것도 없었다. 그야말로 맨땅에 헤딩하는 심정이었다. 일단 나가서 부딪쳐 보고 여차하면 다시 돌아올 마음도 있었다. 그런 차원에서 그나마 한국과 조금이라도 가까운 서부지역이 가장 좋겠다는 작전이었던 것이다.

서쪽에서 가장 먼저 눈에 들어온 곳은 캘리포니아주의 엘에이와 샌프란시스코였다. 인터넷 서치를 해보니, 엘에이는 한국 사람이 너무 많아 영어를 배우기에는 좋지 않다는 의견이 지배적이었다. 특히 한인타운은 영어 한마디 하지 않고도 살 수 있는 동네라, 영어가 쉽게 늘지 않는다는 것이었다.

두 번째 이유는 생활비다. 실리콘 밸리가 위치한 샌프란시스코는 물가가 장난이 아니었다. 무엇보다 집값과 아파트 렌트비가 살인적이었다. 전세도 없는 미국에선(전세제도가 우리나라에만 있다는 것도 그때 처음 알았다.) 유학생활 내내 무조건 월세를 살아야 하는데, 내 능력으론 어림 반 푼 어치도 없었다.

그래서 최종적으로 결정한 장소가 시애틀이었다. 한국과 가까운 서부에 위치해 있으니 일단 지정학적으로 유리하다. 한국과의 거리가 동부나 중서부 지역에 비해 족히 3시간은 가깝다. 또한 캘리포니아에 비해 물가도 훨씬 저렴한 편이었다. (지금은 시애틀도 '제2의 실리콘 밸리'로 불리며 집값 상승률이 하늘을 찌르고 있다.)

그렇게 시애틀에서의 유학생활을 시작으로 미국에 정착한 지도 어느덧 15년이란 시간이 흘렀다. 시애틀이 있는 워싱턴주에서 인디애나주, 위스컨신주를 거쳐 또다시 워싱턴주로 컴백하는 동안 여러 가지 우여곡절도 많았다. 중간 중간 위기도 많았지만, 감사하게도 남들보다 빨리 학위과정을 끝낼 수 있었다. 졸업 후 미국에서 대학, 기업체, 주정부 공무원 등을 두루 거치며 오늘도 엔지니어의 길을 걷고 있으니 어느 정도는 꿈을 이룬 셈이다.

앞으로 10년 뒤, 20년 뒤엔 어디서 어떤 모습으로 살아가고 있을까. '배운 게 도둑질'이라고, 엔지니어 일에서 멀어지진 않을 것 같다. 미국 엔지니어로 산다는 것, 하루하루 살아가면 갈수록 보람 있고 매력적이다.

그동안 미국 엔지니어로 살아오며 직접 경험하고 느낀 점들을 바탕으로 집필을 시작했다. 지금 이 순간에도 미국 엔지니어를 꿈꾸는 많은 이들에게 미력하나마 이정표가 될 수 있다면 더 이상 바랄 것이 없겠다. 가보지 못한 미지의 세계에 대한 두려움, 막연한 미래에 대한 답답함, 모두가 똑같이 느꼈던 부분들이다. 미국 엔지니어의 삶을 준비하다 보면 여기저기서 예상치 못했던 문제들도 발생하고, 고비 고비 넘어야 할 언덕들도 만날 것이다. 하지만 기왕에 시작했니면 절대로 포기는 하지 말자. 포기만 안 한다면 다소 늦더라도 반드시 된다. 무언가를 간절히 원하면 온 우주가 나서서 도와준다고 하지 않는가? 꿈은 이루어진다.

Welcome to the world!

CONTENTS

PART. 3
미국 엔지니어 취업하기, 실전편 - 하면 된다!

How do you deal with pressure or stressful situations?

Do you have any questions for us?

PART. 4
미국 엔지니어 취업하기, 완성편 – 이제부턴 협상이다!

PART. 1
미국 엔지니어의 꿈

오랫동안 꿈을 그리는 사람은

마침내 그 꿈을 닮아간다

- 앙드레 말로

1. 미국 엔지니어로 살아가기

같은 하늘 아래 같은 직업, 너무도 다른 삶

주당 40시간 근무가 현실인 미국,

일과 삶의 균형을 가장 중요하게 생각하는 나라

화창한 어느 오후, 푸른 잔디밭에 아이들이 뛰어 놀고 한쪽에선 엄마 아빠들이 즐겁게 이야기를 나누며 맛있는 고기를 굽고 있다. 이어폰을 꽂고 땀을 흘리며 열심히 달리는 사람들, 애완견을 데리고 맑은 공기를 마시며 산책하는 사람들, 한가롭게 책을 보며 사색에 빠져 있는 사람들…. 영화에서 흔히 접하는 미국 동네공원의 평화로운 모습이다.

한국에서 직장에 다니며 정신없이 살던 시절, 이런 그림은 정말 영화 속에서나 보던 풍경이었다. 하루하루 다람쥐 쳇바퀴처럼 바쁘게 돌아가는 일상 속에서 이런 삶의 여유는 언감생심 꿈도 꾸지 못했다. 하지만 미국 엔지니어로 살아가고 있는 지금, 어느덧 이런 모습은 삶의 일상이 되었다.

미국의 직장인들이 일반적으로 가장 중요하게 생각하는 것은 '일과 생활의 균형(Work-life balance)'이다. 우리나라에서 소위 말하는 '워라밸'이다. 하루 24시간을 3등분하여 평균 8시간은 취침, 8시간은 일, 나머지 8시간은 가족들과 함께 보내는 여가시간 등으로 사용한다.

실제로 미국의 평범한 직장인들은 퇴근 후 대부분의 시간을 가족들과 함께 보낸다. 뒤뜰에서 바비큐를 굽거나, 동네공원을 산책하는 등 그야말로 여유로운 저녁시간을 보낸다. 주당 40시간 근무가 현실인 미국에서는 보통 5시 정도면 대부분 퇴근을 하므로 충분히 가능한 일이다.

미국도 경우에 따라서는 어쩌다 한 번씩 야근(Overtime)을 할 때가 있으나, 우리처럼 흔하진 않다. 정해진 근무시간 외에 추가로 일을 더 하려면 기본적으로 매니저와 사전 협의가 있어야 한다. 매니저의 특별한 요청이 있거나, 본인이 먼저 야근을 원할 경우라도 매니저의 승낙을 받아야 하는 것이다. 오버타임에 대해서는 추가급여가 발생하므로, 회사에서도 특별히 급박한 상황이 아니라면 야근을 요구하지 않는 게 통상적이다. 말 그대로 주당 40시간 근무가 현실이다.

미국에서 10년 가까이 직장생활을 한 나의 경우에도, 야근을 했던 날은 손에 꼽을 정도로 몇 번 되지 않는다. 미국에서 졸업 후 첫 번째 직장이었던 HNTB Corporation은 창립된 지 100년이 넘는 역사를 가지고 있는, 건설 분야의 견실한 설계회사(Engineering firm)이다. 그곳에서 5년 넘게 근무하는 동안 각종 프로젝트에 참여했지만, 정작 야근을 했던 적은 극히 드물다. 처음으로 야근을 했던 날의 기억은 지금도 생생하다. 당시 참여했던 프로젝트의 마감일이 가까워지자, 매니저가 나에게 다가와 마감일까지 며칠 정도 야근을 해 줄 수 있는지 조심스럽게 물었다. 한국에서 직장에 다닐 때 야근을 밥 먹듯이 하던 나는 별 거리낌 없이 흔쾌히 응했다. (한국에서의 직장생활 5년을 돌이켜 보면, 야근을 안 하는 날보다 하는 날이 더 많았다.) 내 입장에서는 별 부담 없는 일이었는데, 야근을 하는 그 며칠 동안 매니저는 내게 몇 번이고 고마움을 표했다.

야근이라고 해봐야 퇴근시간 이후에 남아서 고작 남들보다 몇 시간 더 일하는 개념이었다. 바쁠 때면 밤새도록 철야근무도 하곤 했었던 한국의 설계회사에 비하면, 그건 정말 일도 아니었다. 그렇게 무사히 프로젝트를 마치고 시간이 흐르며 자연스럽게 야근했던 것에 대해서 까먹고 있었다. 나로서는 그다지 힘들지도 않았고, 딱히 기억할만한 특별한 경험도 아니었다. 하지만 매니저의 태도는 달랐다. 그해 연말, 직원 업무평가(Employee evaluation)에서 그 프로젝트를 수행하는 과정에서 내가 야근 요청을 흔쾌히 받아들였던 걸 잊지 않고 좋은 평가를 해 준 것이다. 특히 자신이 우리 가족들과의 소중한 저녁 시간을 빼앗아 미안했다며 다시 한 번 고마워했다.

미국 직장생활이 처음이었던 나는 매니저의 그런 반응이 오히려 어색하게 느껴졌지만, 시간이 지나면서 점차 깨닫게 된 것이 있다.

미국인들은 기본적으로 가족을 돌보는 것을 최우선(Top priority)으로 삼는다. 우리처럼 직장이 우선이 아니라 가정이 우선인 것이다. 아무리 회사 일이 바빠도 가족 중에 아픈 사람이 생기면 아예 출근을 하지 않거나, 일찍 퇴근해서 가족을 돌보라고 보내준다. 또한 앞의 일화에서 보여주듯, 미국인들은 가족들과 보내는 저녁시간을 무엇보다 소중하게 여긴다. 기본적으로 퇴근시간이 빠르기도 하지만 퇴근 후에도 곧장 집으로 향하는 게 일반적이다. 회식이나 모임이 잦지도 않고, 어쩌다 모임이 있어도 간단히 먹고 일찍 헤어진다. 우리처럼 2차에서 3차로 이어가며 밤늦게까지 노는 문화가 아니다. 그러므로 대부분의 저녁시간을 가족들과 함께 할 수 있는 것이다.

한때 '저녁이 있는 삶'이란 슬로건이 유행했던 우리나라 현실에서는 가히 상상조차 하기 힘든 게 미국 직장인의 삶이다. 업종이나 업무에 따라 다소 차이는 있겠지만, 아직도 한국의 대다수 직장인들은 잦은 야근과 과로에 시달린다. 경제협력개발기구(OECD)의 〈2017 고용 동향〉에 따르면, 국내 취업자 1인당 평균 연간 노동시간은 2016년 기준 2069시간으로 집계됐다. 이는 OECD 평균인 1764시간보다 연간 305시간 많은 수준으로, 한국은 멕시코에 이어 2번째로 노동시간이 긴 것으로 나타났다. 현실이 이렇다 보니, 요즘도 사회 곳곳에선 과로사나 과도한 업무 스트레스로 인해 스스로 삶을 포기하는 비극이 끊이질 않는다. 그야말로 살인적인 노동시간에 많은 이들이 쓰러져 가고 있는 것이다.

일부 대기업에서 시행한 자율출퇴근제 등으로 예전에 비해 그나마

나아지고는 있지만, 오래된 관행은 쉽사리 바뀌지 않고 있다. 퇴근시간이 늦어지는 날이 많다보니 평일에는 가족들과 함께 도란도란 저녁식사 한 끼 나눌 여유가 없는 게 현실이다. 고단한 일상 속에 누구나 '저녁이 있는 삶'을 꿈꾸지만, 대한민국 현실에서는 여전히 어려워만 보인다.

(http://www.segye.com/newsView/20150701004089)

엔지니어링을 전공한 나는 한국에서 일할 때도 엔지니어였고, 지금 현재 살고 있는 미국에서도 똑같은 엔지니어로 일하고 있다. 하는 일은 같지만 삶의 질은 너무도 다르다. 삶의 질뿐만 아니라 일하는 시간, 경쟁 정도에서 한국과 미국은 비교가 불가능하다. 특히 엔지니어의 경우 어느 정도 경력이 쌓여 선임(Senior)급이 되면, 진급에 크게 구애받지 않고 꾸준히 엔지니어 트랙을 밟을 수 있다. 어느 정도 경력이 되면 실무에서 관리업무로 갈아타야만 하는 우리나라와는 상황이 다르다. 우리처럼 사내 경쟁이 심하지도 않고, 혹시라도 치고 올라오는 후배들에게 밀려날까봐 스트레스를 받는 경우도 거의 없다.

미국은 기본적으로 돌아가는 사회 시스템이 다르고, 직장인들의 근무여건 및 분위기 자체가 다르다. 내가 직접 느낀 한국 직장과의 가장 큰 차이점은 '삶의 여유'라고 할 수 있다. 일과 생활의 균형을 중시하는 사회 분위기는 살아가면서 주변을 돌아볼 수 있게 해 준다. 이러한 차이점들은 미국에서 엔지니어로 일하며 살아가는 햇수가 늘어갈수록 더욱 확연히 깨닫게 된다. 남들처럼 한국에서 계속 엔지니어의 길을 걸었다면 결코 깨닫지 못했을 것이다. 같은 일을 하며 동시대를 살아가는 한국과 미국의 엔지니어들. 단지 장소만 다를 뿐인데, 삶의 질은 비교도 할 수 없을 만큼 큰 차이가 난다. 같은 하늘 아래 같은 직업이지만, 삶의 모양새는 너무도 다른 것이다.

나이 개념이 없는 미국, 나이에 따른 은퇴가 존재하지 않는다

한국과 다른 여러 가지 미국의 직장 시스템 가운데 가장 매력적인 것은, '나이에 따른 무조건적 은퇴가 없다.'는 것이다. 몇몇 특수한 직업을 세외하고, 거의 모든 직장에서 우리처럼 정해진 정년이 되면 강제적으로 퇴직해야 하는 일은 찾아보기 힘들다. 한마디로 정년 개념이 없다. 각자의 근무 경력에 따라 자신들이 은퇴할 시점을 스스로 결정한다. 한국이 사회적으로 정년 나이를 정해놓은 반면, 미국에서는 각자 처해진 상황에 따라 본인이 은퇴를 결정한다. 기본적으로는 사회보장연금혜택(Social Security Benefit)을 받을 수 있는 나이인 만 62세가 되면 슬슬 은퇴를 하는 게 보통이지만, 실제 미국인들의 은퇴 나이는 천차만별이다. 경제적으로 어느 정도 여유가 있거나 그다지 일에 대한 열정이 강하지 않다면 50대에 일찍 은퇴하기도 하고, 일하는 것 자체를 즐기는 사람들은 70살이 훨씬 넘게까지 일하는 경우도 흔하다.

본인이 원한다면 건강이 허락하는 한 물리적인 나이에 상관없이 얼마든지 일할 수 있는 곳이 미국이다. 사회적으로 정해놓은 퇴직 연령이 되면 누구나 은퇴를 해야 하는 우리나라 현실에 비하면 상당히 합리적인 제도이다.

곰곰이 생각해보면 우리나라가 이상한 것이다. 사람마다 각자의 체력 조건과 건강 상태가 다 다를 텐데, 어떻게 나이를 정해놓고 일률적으로 똑같이 은퇴를 시킨단 말인가! 나도 미국에 나와서야 비로소 이런 생각을 하게 되었다. 이처럼 한국에 살 때는 너무나 당연하게 받아들였던 일들이, 한국을 떠나보면 당연하지 않다는 것을 깨닫게 된다.

미국 문화는 나이에 대한 개념이 약하다. 일부 특수한 경우가 아니라면, 기본적으로 채용을 할 때 나이를 묻지 않는다. 미국인들 입장에서 볼 때 나이는 정말 그냥 숫자에 불과한 것이다. 나이 차이가 많아도 얼마든지 친구가 될 수 있으며, 서로의 나이를 잘 모르고 지내는 경우가 허다하다. 일단 나이를 묻는 것 자체가 실례이므로 나이를 잘 물어보지도 않고, 나이에 크게 관심을 갖지도 않는다. 서로 만나면 통성명하기가 무섭게 나이부터 궁금해 하는 우리나라 사람들과는 문화 자체가 다르다.

혈연과 지연을 중시하는 우리는 서로 궁금해 하는 것들이 비슷하다. 어디 출신인지, 몇 년생인지, 무슨 띠인지, 심지어 혈액형이 무엇인지까지도 궁금해 한다. 우리는 일단 나이로 위아래 서열을 정하는 경향이 강하므로 서로 나이를 모르는 경우가 드물다. 정확히 몇 살인지는 몰라도, 동료들 중에서 최소한 누가 더 나이가 많은지는 서로들 알고 지낸다. 그만큼 우리나라 문화에서는 나이가 중요하다. 뿌리 깊게 자리 잡은 장유유서長幼有序의 영향 때문이다.

하지만 미국은 다르다. 함께 일하는 동료들끼리 서로 나이를 아는 경우보다 모르는 경우가 훨씬 많다. 나의 경우에도 어쩌다 동료들과의 회식자리 같은데서 한 번씩 나이를 밝히면 깜짝 놀라곤 했다. 생각보다 나이가 꽤 들었다(?)는 반응들을 보이곤 했는데, 우리가 서양인들 나이를 가늠하기 힘든 것처럼 그들도 우리 나이를 가늠하기 어려운가 보다. 어리게 봐줬으니 고마워해야 할까.

나이에 따른 은퇴가 없다는 사실은, 한국과 비교해볼 때 미국에서 엔지니어로 일할 때 가장 큰 매력이 아닐 수 없다. 업무수행에 아무런 문제가 없고 아직 충분히 건강함에도 단지 회사에서 정해놓은 나

이가 되었다고 해서 강제적으로 퇴직을 당하는 대한민국 직장인의
현실…. 바야흐로 백 세 시대를 맞이한 요즘에도 한국의 평균 은퇴
연령은 채 60살이 되지 않는다. 시기적으로 자녀들을 대학에 보내고
시집 장가를 보내기까지 아직은 한참 더 일해야 할 중요한 시점에 은
퇴가 웬 말인가!

사회적으로 정해놓은 정년 자체가 현실과 너무 동떨어져 있다. 그
야말로 숫자에 불과한 나이 때문에, 인생의 골든타임에서 회사를 강
제적으로 그만두어야만 하는 대한민국의 현실은 상상하는 것만으로
도 서글퍼진다.

한국 사회 각 분야별로 여러 가지 해결해야 할 문제들이 산재해 있
겠지만, 무엇보다도 사회적 정년 나이부터 현실에 맞게끔 상향 조정
해야 하지 않을까?

노동은 신성하다고 했다. 충분히 일할 수 있을 만큼 건강하고 더
일을 하고 싶어도 나이라는 장벽에 걸려서 일을 할 수 없다면, 그 자
체로 비극이다.

본인이 원치 않는 은퇴는 당사자 가족에게 있어 경제적 손실뿐만
아니라 정신적으로도 엄청난 스트레스다. 특히 엔지니어에게 있어서
나이에 따른 강제적 은퇴는, 평생 쌓아온 노하우를 한순간에 단절시
켜버리는 행위나 마찬가지다. 사회적 손실이 이만저만 큰 게 아닌 것
이다.

엔지니어는 수많은 경험과 노하우를 바탕으로 한 기술력으로 먹
고사는 직업이다. 한국의 평균 정년 나이인 50대는 사실 엔지니어에

게 있어 경력의 황금기라고 할 수 있다. 대학을 졸업하고 대략 30년 정도 실무경력이 쌓여서 그야말로 전문가로서 가장 활발하게 실력을 발휘할 시점인 것이다.

미국 엔지니어의 경우, 나이가 들고 경륜이 쌓일수록 사회적으로 더욱 인정을 받는다. 오랜 경력을 가진 베테랑을 존중해 주는 미국 문화, 물리적 나이에 따른 은퇴란 존재하지 않는다.

미국 엔지니어에 대한 사회적 인식

기술자에 대한 사회적 인식 차이 :
미국은 전문직 엔지니어, 한국은 일명 노가다맨

엔지니어의 꿈을 키우며 공학도로서의 첫 걸음마를 시작했던 학부 시절, 서울의 어느 지하철 공사 현장견학을 간 적이 있는데, 그때 현장 소장님이 들려주셨던 웃어넘길 수 없는 에피소드 하나가 떠오른다. 그 현장 소장님은 소위 한국 최고의 명문대학 공대에서 대학원까지 졸업하고 대한민국 기술 분야 최고자격증인 기술사 자격증도 여러 개 가지고 있는, 엔지니어로서는 나름 성공했다고 자부하는 대기업 임원이었다. 다만 전공이 토목공학이고 근무처가 지하철 건설 현장이다 보니, 일반 공사장 인부들과 마찬가지로 항상 안전복에 안전화, 안전모를 착용하고 하루에도 몇 번씩 현장 이곳저곳을 누비고 다녀야만 했다.

어느 무더운 여름날, 평소처럼 안전복 차림에 안전화와 안전모를 착용하고 공사장 도로 위에 설치된 복공판 주변을 살피고 있을 때, 바로 옆에서 신호대기 중이던 시내버스 창문 너머에서 들려왔던 말을 그는 잊지 못했다. 한 엄마가 아이에게 해 주던 이야기였다.

"저기 저 아저씨 보이지? 너 공부 못하면 저 아저씨처럼 평생 저런 일 하면서 힘들게 살아야 한다."

버스는 곧바로 떠나갔지만 자신의 귀로 선명하게 들려온 그 엄마의 이야기가 한동안 귓전에서 맴돌며 허탈해졌다는 것이다. 자기는 나름대로 공부도 잘했고 열심히 노력해서 소위 명문대 출신 현장 소장으로, 어느 정도 성공한 인생이라 생각하며 살아왔는데, 정작 자신을 바라보는 주변 사람들의 시선은, 그저 공부 못하면 저런 일 하면서 살아야 하는, 말 그대로 일명 '노가다맨'에 불과했기 때문이다. 대한민국 사회에서 기술자를 바라보는 적나라한 현실, 그야말로 한 편의 웃픈(?) 스토리가 아닐 수 없다.

이 에피소드가 반영하듯 여러 분야의 엔지니어 중에서도 특히 토목, 건축 등의 건설 분야는 우리나라에서 거의 노가다맨으로 통용된다. 변형된 일본어인 '노가다'라는 말은 원래 공사장의 힘든 육체노동을 의미하는 뜻이다. 어원은 토공을 뜻하는 '土方(どかた)'에서 유래된 것으로, 주로 막노동이나 고생스런 일, 또는 공사장 인부 등을 비하하는 속어이다. 일제 강점기에 많은 이들이 토목공사에 동원되어 막노동을 하게 되면서 자연스럽게 퍼진 말이다.

건설 현장에서 하는 일들은 대부분 힘들고(Difficult), 위험하고(Dangerous), 지저분한(Dirty), 말 그대로 3D 업종으로 인식된다. 현실이 이렇다 보니, 일반인들이 건설기술자를 바라보는 이런 사회적 시선이 어찌 보면 자연스러운 현상일 수도 있다. 다른 분야 기술자들도 다소 차이는 있지만, 여전히 한국 사회에서 엔지니어들은 그다지 전문직으로 인정받지 못하는 분위기이다. 가장 큰 이유는 오랜 세월 동안 우리 민족을 지배해 온 유교문화, 특히 '사농공상士農工商' 신분제도가 사람들 머릿속에 일단 '기술자=공돌이ㆍ공순이'로 분류해 버리는 DNA를 심어준 것이다.

현실이 이렇다보니 예전부터 공대생은 '단무지(단순, 무식, 지랄?)'라는 등 놀림꺼리가 되기 십상이었다. 대학시절 미팅에서도 문과대 여학생들을 만나면 공대생은 단순무식하다고 놀림을 당하곤 했었다. 그럴 때마다 동기들과 함께 단무지의 제대로 된 정의는 '단정, 무드, 지성'이라며 억지를 부리곤 했던 추억이 있다.

공대와 관련해서 기억나는 유머 하나 더! 어떤 시골 할머니가 버스 안에서 학과 티셔츠를 입고 있던 한국과학기술원(KAIST) 학생들에게 했다는 우스개가 있다.

"그려, 공부 못하면 열심히 기술이라도 배워야 먹고살지!"

대한민국 최고의 공학도들이 모여 있는 카이스트 학생들에게 '공부 못하면'이라니! 물론 누군가 웃자고 지어낸 이야기일 수도 있지만 이런 이야기 자체가 우리나라에서 기술자를 바라보는 시각의 대표적인 면이 아니겠는가. 4차 산업혁명시대를 맞이한 오늘날에도 한국 사회에서 기술자를 바라보는 시각의 저변에는 여전히 '노가다맨' 또는 '기름밥 먹는 공돌이'의 이미지가 강하게 남아 있는 것이다.

한편 최근 공과대학의 인기하락은 시대적 상황도 반영한다. 예전에는 의대에 진학할 성적이 되는 학생들도 자신의 꿈과 적성을 찾아 상위권 대학의 공대로 진학하는 경우가 적지 않았다.

하지만 요즘의 추세는 어떤가? 하루하루 심각해지는 취업난과 정년보장이 불투명한 직장인들의 암울한 현실이 반영되면서 공대의 인기는 나날이 추락하고, 공부를 좀 한다는 학생들은 너나없이 의대로 몰려들고 있다. 예전처럼 자신의 적성을 찾아 의대가 아닌 공대를 선택하는 경우는 아예 찾아보기조차 힘들다. 오히려 공대에 다니던 우수한 학생들이 진로를 변경해 의대로 편입하는 경우가 늘고 있는 게 작금의 현실이다.

대학원의 경우에는 사정이 더 심각하다. 2018년 후기 서울대 이공계 대학원은 급기야 미달 사태를 겪었다. 공대 박사과정의 경우, 2015년부터 2018년까지 연속 4년간 정원미달에 시달리며 인재공급이 단절되었다. 한국 사회 이공계 기피현상이 심각한 수준에 이른 것이다.

그렇다면 세계 최강국이라고 하는 미국의 경우는 어떨까?

한마디로 미국은 지금 '엔지니어의 시대'라고 해도 과언이 아니다. 2017년 〈파이낸셜타임스〉 자료에 의하면, 글로벌 시가총액 세계 5대 기업으로 1위 애플, 2위 알파벳(구글), 3위 마이크로소프트, 4위 아마존, 5위 페이스북이 선정되었는데, 이것이 보여주는 의미는 매우 크다. 한마디로 말해서 IT 기술력을 기반으로 하고 있는 몇 개의 핵심 산업들이 지금의 거대한 미국 경제를 떠받치고 있는 것이다. 엔지니어들이 국가경쟁력의 큰 축을 담당하고 있는 미국에서 사회적으로 엔지니어를 바라보는 시각 자체가 좋을 수밖에 없다.

　미국 최고의 대학들은 너나 할 것 없이 공과대학(Engineering school)을 조금이라도 더 발전시키기 위해 지금도 투자를 멈추지 않고 있다. 그 결과, 미국 내 소위 'Top 10'에 해당하는 최고의 엔지니어링 스쿨들은 인기가 하늘을 찌른다. 그도 그럴 것이, 미국 사회에서 엔지니어들이 받는 대우 및 사회적 인식은 우리나라와 판이하게 다르기 때문이다.

　분야에 따른 차이는 다소 있지만, 미국에서 엔지니어는 기본적으로 의사나 변호사 등과 같은 전문직으로 분류된다. 사회 분위기가 이렇다보니 경력과 실력에 따라서는 엔지니어들이 고액 연봉을 제시받고 이곳저곳으로 스카웃되는 경우도 많다.

　미국 엔지니어들은 우리나라에 비해 사회적 신뢰도 또한 훨씬 높다. 2016년 10월 18일, 엔지니어링산업 전문지인 「엔지니어링데일리」에 흥미로운 기사가 하나 실렸다. "미국 엔지니어, 변호사보다 사회적 존경 받아."라는 제목으로, 엔지니어링협회에서 개최한 '2016 Young Professionals Seminar' 관련 내용이다.(http://www.engdaily.com/news/articleView.html?idxno=6238)

　이 기사에 의하면, 미국에서는 엔지니어가 변호사, 의사보다 사회적 존경을 받고 있다고 한다. 변호사는 진실을 왜곡한다는 인식이 있고, 의사는 제약회사의 리베이트를 받는다는 이미지가 큰 반면, 엔지니어들은 사회적 신뢰도가 상당히 높다는 것이다. 미국을 대표하는 엔지니어 리더들이 한국을 찾아와 한국의 차세대 엔지니어 리더들에게 전해 준 이야기다. 엔지니어의 이미지가 공돌이, 공순이로 비하되는 우리나라 현실에서는 부럽기 그지없는 스토리다.

미국 엔지니어는 앞서 언급했듯 은퇴 없이 자기가 원할 때까지 평생 일할 수 있다. 더 일하고 싶어도 회사에서 정해놓은 나이가 되면 무조건 그만두어야만 하는 대한민국 시스템에서는 정말 상상조차 못할 일이다. 우리나라는 그나마 회사에서 정해놓은 정년도 안전하게 보장되지 않는다. 어느 정도 직급에 올라갔을 때 치열한 경쟁에서 밀려나 관리자로 승진하지 못하면, 정년이 되기도 전에 회사를 떠나야만 하는 게 한국의 현실이다.

이에 비해 미국은 한국과 시스템 자체가 다르다. 미국도 우리처럼 실무 엔지니어의 길을 걷다가 어느 시점에서 관리자(Manager)의 길로 전환하기도 하지만, 본인의 적성이 매니징 업무보다 엔지니어링 쪽에 더 맞으면 많은 경우 끝까지 실무자의 길을 걷는다. 쉽게 말해 미국의 엔지니어들은 기본적으로 두 가지 트랙(Engineering track/Managing track)이 있다고 보면 된다. 특별히 정해진 은퇴 나이도 없고, 본인이 원하기만 한다면 평생토록 적성에 맞는 분야의 엔지니링 일을 하면서 살아가는 미국 엔지니어! 어떤가? 상상만 해봐도 정말 매력적이지 않은가?

청소부와 주먹을 맞부딪치며 인사하는 오바마 대통령,
직업의 귀천이 없다는 건 이런 것

(http://www.petesouza.com/gallery.html?gallery=President%20Obama&sortNum
ber=7&skipno=0&loadedNumber=0)

이 한 장의 사진을 기억하는가? 버락 오바마 대통령 재임시절, 대
통령의 일거수일투족을 렌즈에 담으며 수많은 기록을 남기던 전속
사진사, 피트 수자에 의해 포착된 장면이다. 이 사진은 한때 SNS에서
빠른 속도로 퍼지며 큰 화제가 됐었다. 미국 최초의 흑인 대통령으로
서 변화와 개혁의 상징이었던 오바마 대통령. 말 그대로 세계 최고의
권력으로 통했던 그가 한 사람의 백악관 청소부(Janitor)와 허물없이
'주먹인사(Fist bump)'를 나누는 이 모습이야말로, 미국 사회의 자유로
운 분위기를 대변해 주는 것이다. 한 국가의 대통령이 일개 청소부와
이렇게 허물없이 인사를 나눌 수 있는 미국 문화, 오랜 세월 동안 체

면과 격식을 따지는 유교사상이 근간을 이루는 우리나라에선 가히 상상조차 하기 힘들다.

미국 문화에서 주먹인사는 '하이파이브High five'처럼 아주 쉽게 접할 수 있는 인사방식 중 하나이다. 반갑게 손바닥을 높이 올려 맞부딪치며 친근감을 표현하는 하이파이브는 요즘엔 우리나라 젊은 층에서도 유행하는 듯 보인다. 이에 비해 주먹인사는 미국에서 주로 남자들 사이에 유행하는 인사법이다. 특히 야구나 농구 등 스포츠 경기를 보다 보면 선수들의 피스트범프 장면을 흔히 볼 수 있다. 여기에는 '너와 나는 동료', '우리는 동등한 레벨' 등 상대를 향한 존중의 의미가 담겨 있다고 한다.

물론 오바마의 주먹인사는 아무런 생각 없이 그저 습관적으로 나온 인사였을 수도 있다. 하지만 대통령과 청소부 사이에 이런 제스처가 이루어진다는 것 자체가 최소한 직업에 따른 귀천이 없다는 것을 의미한다고 볼 수 있다. 미국 사회에서 직업이 다르다는 것은 말 그대로 하는 일이 다른 것일 뿐, 직업 자체가 사람의 신분을 귀하고 천한 레벨로 나눌 수는 없다는 뜻이다.

오바마 대통령의 이 사진이 우리나라에서 유명해진 시점은 한국의 어느 국회 비정규직 청소노동자의 사진과 직접적으로 비교되면서부터이다. 우리나라 사진 속에 비친 그 청소부 아주머니는 정규직으로의 전환을 요구하며 어느 국회의원에게 머리를 조아리고 있었다. 그야말로 극명한 대조를 이루던 두 장의 사진. 한동안 인터넷에서 "국격의 차이"라는 제목으로 빠르게 퍼져나가며 화제가 된 적이 있다. 그때 화제가 되던 두 장의 사진을 바라보며 한국 사회 깊숙이 뿌리박고 있는 권위주의 문화와 직업에 따른 신분의 차이를 다시 한 번 절감할 수 있었다.

똑같은 사람이지만 단지 직업에 따라 갑과 을로 신분이 나뉘고, 날이 갈수록 심해져만 가는 갑들의 횡포, 언제부턴가 유행처럼 통용되기 시작한 한국 사회의 '갑질문화'는 고질병이 되어버렸다. 대한민국의 '갑질문화'야말로 직업의 귀천을 적나라하게 보여주는 말이 아닐 수 없다.

한 나라의 최고 권력인 대통령이 평범한 청소부와 허물없이 인사를 주고받을 수 있는 사회, 너와 나는 단지 하는 일이 다를 뿐, 누구나 똑같이 소중한 하나의 인격체라는 인식이 기본적으로 깔려 있는 미국 문화. 말로만 '직업의 귀천이 없다.'고 떠들어대는 우리나라의 현실과 너무도 대비되지 않는가? 청소부와 주먹을 맞부딪치며 인사하는 오바마 대통령, 직업의 귀천이 없다는 건 그야말로 이런 것이다.

2. 왜 미국 엔지니어인가?

아메리칸 드림의 본거지, 미국은 여전히 기회의 땅인가?

한국보다 훨씬 넓은 Job 시장, 다양한 선택과 새로운 도전 기회

'아메리칸 드림American dream'의 나라, 미국. 미국에 이민을 온 사람이라면 누구나 한번쯤은 아메리칸 드림을 꿈꿔봤을 것이다. 혹은 주변에서 아메리칸 드림을 이룬 사람들을 직접 보았거나, 그들의 성공스토리 몇 개쯤은 들어봤을 것이다. 낡은 이민 가방에 부푼 희망을 품고 이역만리 미국 땅까지 건너와, 온갖 고생을 겪으며 삶의 기반을 마련한 이민 1세대들. 그들의 성공비결은 어디에 있을까? 1차적으로야 낭연히 어렵고 힘든 상황 속에서도 결코 포기하지 않고 피땀 흘려 노력한 결실일 것이다.

하지만 무엇보다 중요한 요인 중 하나는, 그들의 성공무대가 다름 아닌 미국이었다는 사실이다. 즉 똑같은 노력을 했어도 대한민국이 아닌 기회의 땅, 미국이었기에 아메리칸 드림이 가능했다는 것이다.

아메리칸 드림의 본거지 미국은 한국과 비교할 수 없을 정도로 거대한 나라다. 일단 국토 면적이 우리나라의 100배에 달한다. 2018년 기준, 인구는 대한민국의 6배, 국내총생산(GDP)은 12배가 넘는다. 우리나라에 비해 인구는 6배인데 GDP가 12배이므로, 1인당 국민소득이 두 배라는 이야기가 된다. 대한민국 1인당 국민소득이 3만 불에 진입하기 이전부터 미국인들의 1인당 국민소득은 이미 6만 불이 넘었다.

미국은 한국보다 취업 시장이 훨씬 넓어 다양한 선택과 새로운 도전기회가 넘쳐난다. 미국 취업 시장의 구체적 상황은 앞으로 차근차근 살펴볼 것이지만 청년실업률이 사회문제로 대두된 지 오래인 우리나라와 상황이 다르다는 것만은 분명하다.

미국은 우리나라처럼 누구나 다 당연히 대학을 가야 한다고 생각하지도 않는다. 고등학교만 졸업해도 열심히 일한다면 먹고사는 데 큰 문제가 없다. 대학 졸업 후 일하고 싶어도 일자리가 없어서 아르바이트로 전전긍긍하는 한국 사회와는 분위기 자체가 다른 것이다.

또한 미국은 한국과는 다르게 엔지니어를 채용할 때 나이 제한이 존재하지 않는다. 우리처럼 이력서에 나이를 기재하지도 않을 뿐더러, 채용 공고에 나이 제한을 두지도 않는다. 앞서 언급했듯, 미국은 나이에 대한 개념이 별로 없다. 장유유서가 일반적인 한국과는 문화가 다르다. 미국에선 나이에 상관없이 서로 마음만 맞는다면 얼마든지 친구가 될 수 있다. 오히려 나이를 따지는 것 자체를 이상하게 생각한다. 어느 모임이든 일단 나이로 서열을 정하고 족보를 따지는 우리 문화를 이해하지 못한다.

미국에서 나이는 일하는 데 있어서도 별다른 영향을 주지 않는다. 직장의 윗사람과 아랫사람 사이에 있어서도 (사실 미국은 한국의 수직관계와는 달리 평등한 수평관계의 개념이긴 하지만) 나이는 아무런 의미가 없다. 직장 상사인 매니저가 자신보다 나이가 어린 경우도 흔하고, 반대로 나이 많은 직원의 레벨이 나보다 낮은 경우도 많다. 직급(Position)이 다르다는 것은 서로가 하는 일이 다를 뿐, 나이와는 별 상관이 없다고 생각하므로 이러한 상황을 우리처럼 껄끄러워 하지도 않는다. 또한 앞서 말한 것처럼 특별히 나이에 따른 은퇴도 존재하지 않는다. 우리처럼 정해놓은 일정 나이가 되었다고 해서 다니던 회사를 무조건 나와야 하는 일은 없다. 열심히 하려는 의지가 아무리 넘쳐나도 정해진 나이가 되면 일률적으로 그만두어야 하는 사회 시스템은 그야말로 비극이 아닌가.

정년을 정해 놓은 대한민국 시스템이 당연하게 느껴지는가? 엔지니어 채용에서 나이 제한이 없고, 특별히 정해놓은 은퇴 나이도 없는 미국 직장이 믿겨지지 않는가?

그렇다면 당신도 한번쯤은 우물에서 뛰쳐나와 넓은 세상을 경험해볼 필요가 있다. 조금만 시야를 넓혀보자. 지금까지 살아오면서 너무도 당연하게 받아들여졌던 많은 일들이, 당연하지 않게 보이기 시작할 것이다. 엔지니어 채용에서나 은퇴에서 나이에 따른 제한이 없는 미국은 우리나라보다 훨씬 넓은 Job 시장이 있어 폭넓은 선택이 가능하고, 여전히 새로운 도전의 기회가 넘쳐나는 아메리칸 드림의 본거지다. 그렇다. 단언컨대 미국은 여전히 기회의 땅이다.

2018년 미국 실업률은 반세기 만에 최저 수준

2016년 11월, 미국의 제45대 대통령으로 도널드 트럼프가 당선되었다. 미국의 기존 정치판을 뒤흔들며 출마 당시부터 거침없는 발언과 막말들로 많은 이들의 비웃음을 사고 조롱받았던 트럼프 대통령, 그의 당선은 전 세계를 깜짝 놀라게 만들었다. 재벌기업인 출신으로 정치나 공직 경력이 전무했던 트럼프는 그야말로 정치판의 '아웃사이더'였다. 만 70세라는 역대 최고령 나이로 미국 대통령에 당선된 트럼프는 시작부터가 말 그대로 'Unpredictable(예측 불가능)' 그 자체였다. 트럼프 행정부는 "Make America Great Again(미국을 다시 위대하게)"이라는 슬로건에 걸맞게 모든 정책의 포커스를 미국의 국익에 맞춰 국정을 운영하고 있다.

실제로 트럼프 행정부가 들어선 2017년 이후, 미국 경제는 왕성한 성장세를 이어가고 있다. 많은 전문가들이 트럼프 행정부의 경기활성화 정책을 미국 경제가 되살아난 첫 번째 이유로 손꼽는다. 기업가 출신의 트럼프 대통령은 모든 정책의 1순위로 '미국의 국익'을 부르짖는다. 외교관계에 있어 자국의 이익을 최우선으로 삼는 것은 어느 나라 어느 정부나 마찬가지일 것이다. 다만 체면 등을 생각해서 상호 이익을 추구하는 것처럼 행동할 뿐이다.

하지만 트럼프는 기존의 접근 방식과 차원이 다르다. 본인의 트위터를 통해 막말도 서슴지 않으며, 국방이나 외교 등 모든 국제관계에 있어서 미국의 이익이 최우선 과제라는 것을 대놓고 이야기한다. 모든 무역협상에 미국이 우선은 기본이고, 미국의 국익을 보호하지 못하는 무역협정은 거절한다. 글로벌 무역전쟁을 자초하면서까지 미국의 경제성장을 유지하기 위해 끊임없이 노력하는 모습이 역력하다.

전문가들이 바라보는 관점은 비슷하다. 현재 트럼프는 2020년 대통령 선거에서 재선을 위해 미국 경기를 활성화시키기 위해 온힘을 다 기울이고 있다는 해석이다. 대통령 출마 당시 트럼프는 향후 10년 동안 2500만 명의 고용창출을 공약으로 내걸었다. 공공부문 인프라(사회기반시설)에 1조 달러라고 하는 천문학적 수준의 투자를 내걸고, 경기부양을 위해 끊임없이 노력하고 있다.

이유는 단순하다. 국민들의 지지를 얻으려면 무엇보다 경제를 살리고 민생이 해결되어야 하지 않을까? 보다 많은 일자리 창출로 경기를 활성화시키고, 국민들을 배부르고 등 따시게 해 주면 대통령의 지지도는 올라가게 마련이다.

트럼프 정부의 경기활성화 정색으로 미국 정제는 왕성한 성장세를 보여주고 있다. 기업가 출신의 트럼프는 이른바 '친親기업 정책'으로 각종 규제를 완화하고 법인세율을 낮추는 등 기업 활성화 정책에 심혈을 기울이고 있다.

2017년 트럼프 행정부 출범 이후, 미국 증시는 꾸준한 호황세를 타고 있고 일자리는 풍년이다. 2016년 평균 4.9%였던 실업률은 2018년 5월 기준 3.8%로 떨어졌다. 이는 2000년 4월 이후 18년 만에 최저치를 기록한 것으로, 거의 완전고용에 가까운 수치다.

다음에 제시된 그래프는 미 노동부(US Department of Labor, Bureau of Labor Statistics) 통계자료로, 지난 50년간 미국의 16세 이상 실업률(Unemployment rate)을 보여주고 있다. 이 자료에서 볼 수 있듯, 2018년 미국의 실업률은 거의 반세기만에 최저 수준으로 하락하였음을 알 수 있다.

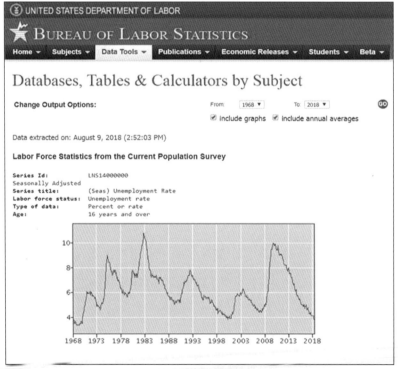

(https://data.bls.gov/timeseries/LNS14000000)

이러한 경기 훈풍을 타고 미국에서는 노동자에게 유리한 선순환 효과가 발생하고 있다. 기업들은 임금을 인상하고 각종 복지혜택을 늘려주는 등 더 좋은 인재를 뽑기 위해 노력 중이다. 미국 굴지의 대기업들이 성장해 가면서 수많은 중소기업과 노동자들에게까지 혜택이 돌아가는, 이른바 '낙수落水효과'가 발생하는 것이다. 경제 전문가들은 미국 경기의 이러한 흐름이 한동안 계속될 것으로 예측하고 있다.

'물 들어올 때 노 저으라.'라는 말이 있다. 물이 빠져 나가고 배가 바닥에 닿으면 아무리 기를 써도 배를 띄우기 힘들다는 뜻이다. 이 책을 읽고 있는 당신, 미국 엔지니어를 준비하고 있는가? 그렇다면 바로 지금이 최고의 찬스다.

턱없이 부족한 미국의 엔지니어링 인력

미국 취업시장에서 외국인이 차지하는 비율은 결코 무시할 수 없다. 미 노동부 발표자료 〈Forean-Born Workers: Labor Force Characteristics-2017〉에 의하면, 2000년 기준 13.3%였던 외국인 노동자 비율은 2016년 16.9%에 이어 2017년 17.1%로 해마다 증가하는 추세이다. 미국에서는 지금도 외국인 노동자를 고용하기 위해 꾸준히 취업비자(H-1B Visa)를 발급하고 있다. 미국에서 취업비자를 발급받는 여러 가지 직종들 가운데 엔지니어링 부문은 압도적으로 높은 비율을 차지한다.

트럼프 행정부의 '반反이민정책' 속에서도 여전히 비자를 발급해 주면서 외국인을 지속적으로 고용하는 이유는 무엇일까? 인력이 부족하기 때문이다. 특히 엔지니어링 부문의 경우, 실제 산업현장에서 필요로 하는 엔지니어 인력수요에 비해 네이티브 엔지니어 숫자는 턱없이 부족하다. 이러한 현상은 컴퓨터 분야가 대표적이다. 미국에서 필요로 하는 IT 관련 신규인력은 매년 50만 명을 넘어서고 있지만, 실제 대학을 졸업하는 컴퓨터 관련 전공자는 약 5만 명 정도로 10% 수준에 머물고 있다.

미국에서 외국인을 고용하는 것은, 우리나라에서 값싼 노동력 확보를 위해 동남아 외국인 노동자를 고용하는 것과는 전혀 다른 개념이다. 미국에서 일하는 외국인들이 우리나라에서 일하는 동남아 노동자들과 비슷한 대우를 받는다고 생각한다면 큰 오산이다. 미국에서 취업비자를 발급받고 일하는 외국인 노동자는 실제 미국인들과 동등한 수준의 급여를 받는다. 전공분야나 경력에 따른 급여 차이만 있을 뿐, 외국인이라는 이유로 차이를 두지는 않는다. 또한 외국인 신분이라고 해서 고용에서 불이익을 줄 수도 없다.

연방법으로 규정된 '동등한 고용기회(Equal employment opportunity)'는 직원을 채용할 때 인종이나 성별, 나이 등에 따른 차별을 금지하고 있다. 이러한 분위기에 걸맞게 미국의 기업문화는 인종이나 전공, 커리어 등에 있어서 다양성(Diversity)을 매우 중요하게 생각한다. 직원들의 특성이 어느 한쪽으로 몰려 있는 것보다는 다양하게 분산되어 골고루 섞여 있는 분위기를 선호한다. 다양성이 보장될 때 새로운 창의성이 도출되기 때문이다.

외국인 신분인 우리 입장에서 볼 때, 이런 여러 가지 상황이 오히려 유리하게 작용할 수도 있다. 한국인이 많이 진출하는 미국 엔지니어 분야 및 급여 수준에 대해서는 뒤에서 자세히 살펴보도록 하겠다.

한번뿐인 내 인생, 언제까지 이렇게 살 것인가?

입시지옥의 한국,

자녀뿐만 아니라 가족들 모두의 삶이 희생되고 있다

헬조선, 입시지옥, 교통지옥, 지옥철 등 대한민국에는 유독 '지옥 (地獄, Hell)'과 연관된 단어들이 많다. 하루하루의 삶이 얼마나 팍팍하고 힘들면 지옥이라는 말을 다 가져다 붙였겠는가. 헬조선이라 외치는 우리와 달리, 미국인들은 〈God Bless America〉라는 노래를 즐겨 부른다. 자칭 '축복받은 나라'라고 노래를 부르는 미국인들, 과거 아메리칸 인디언들이 거주하던 비옥한 영토를 정복하고 세계 최강국으로 우뚝 서게 된 것을 신의 축복으로 받아들인다. 이런 미국인들에 비해 하루하루 힘겹게 살아가는 우리나라 서민들의 삶은 어떤가. 같은 하늘 아래 같은 시대를 살아가지만, 헬조선으로 불리며 극명하게 비교되는 암울한 현실이 서글프다.

지금보다 훨씬 먹고살기 힘들었던 우리 부모님 세대에도 이렇게 끔찍한 단어들은 존재하지 않았다. 전쟁의 폐허를 딛고 이른바 '한강의 기적'을 선보이며 유례없이 빠른 속도로 눈부신 성장을 기록한 대한민국. 최빈국으로 해외 원조를 받던 배고픈 나라에서 바야흐로 1인당 국민소득 3만 불 시대를 맞이했지만, 국민들의 삶은 그다지 행복해 보이지 않는다. 꾸준한 경제성장으로 반세기만에 10대 경제대국으로 우뚝 솟아올랐건만 삶은 행복해지지 않았다.

몇 가지 통계를 살펴보면 행복하기는커녕, 압도적으로 불행해 보인다. 우리나라는 불행하게도 경제협력개발기구(OECD) 국가 중 유일하게 불미스러운 분야 1등을 놓치지 않고 있다. 자살률 1위, 이혼율 1위, 저출산율 1위, 사교육 의존도 1위, 교통사고 사망률 1위 등의 오명을 떨쳐내지 못하고 있다. 그 중 자살률은 특히 심각한 수준으로, 2018년 기준 13년 연속 부동의 1위를 기록하고 있다. 보건복지부 자료에 따르면, 2016년 한해 동안 자살로 숨진 사람은 13,092명으로 OECD국가 평균 대비 2.4배를 기록했다. 하루 평균 36명, 40분마다 1명씩 스스로 목숨을 끊는 셈이다. 한국인의 사망원인 1위는 '암'이지만, 연령대별로 살펴볼 때 10대, 20대, 30대 모두 사망원인 1위는 자살로 조사되었다.

저출산 또한 날이 갈수록 심각해지는 문제 중 하나이다. 통계청이 발표한 〈2018년 6월 인구동향〉에 의하면, 2018년 2분기 합계출산율은 0.97로 역대 최저 수치를 기록했다. 한 국가가 인구를 유지하기 위해 필요한 출산율은 2.1명이라고 한다. 남녀 둘이 만나 한 가정을 이루고, 최소 두 명은 낳아야 인구가 유지된다는 개념이다. 출산율이 1보다 작다는 건, 아이를 채 한 명도 낳지 않는다는 뜻이다. 전쟁 같은 국가비상상황에서나 발생하는 극심한 초저출산 현상이다. 말 그대로 인구절벽이 현실로 다가온 것이다.

자살하는 사람은 늘어나고, 아이는 낳지 않는다. 이런 추세가 계속된다면 대한민국의 인구는 줄어들 수밖에 없다. 장기적으로 볼 때 그야말로 국가적 차원의 대책이 시급한 상황이다. 왜 사람들이 스스로 생을 마감하고, 또한 아이 낳기를 포기하는 것일까? 답은 너무도 뻔하다. 삶이 행복하지 않기 때문이다. 유엔자문기구인 SDSN(Sustainable Development Solutions Network)에서 발표한 〈2018 세계 행복보고서〉에 의하면, 한국의 행복지수는 세계에서 57번째로 나타났다.

도대체 무엇이 이토록 우리의 삶을 불행하게 만드는 것일까? 학창시절부터 겪어야만 하는 입시전쟁, 높은 실업률로 대변되는 일자리 문제, 사회 첫발을 내딛기 위해 치러야 하는 취업전쟁, 천정부지 치솟는 집값으로 늘어만 가는 출퇴근시간, 사회 곳곳에 만연한 갑질문화 등등 대한민국 서민들의 스트레스는 하루하루 늘어만 간다. 특히 수많은 이들의 공분을 불러일으키는, 가진 자들의 갑질 횡포는 한국사회의 고질적 문제가 되어버렸다.

언제부턴가 대한민국은 나라 전체가 온통 '화火'로 들끓는 것 같다. 2016년 밝혀진 헌정사상 초유의 '최순실 국정농단사태'는 수많은 국민들을 분노케 했고, 날씨마저 미쳐 돌아가는 듯 2018년 여름엔 111년만의 폭염을 기록했다. 모든 국민이 일평생 유례없이 가장 더운 여름을 보낸 것이다. 이토록 대한민국을 헬조선으로 만든 각종 원인들 가운데 가장 대표적인 것으로 입시전쟁을 빼 놓을 수 없다.

　입시지옥 한국에서의 숨 막히는 삶은 이미 초등학교 때부터 시작된 지 오래다. 국제중학교 입시를 거쳐 특목고나 자사고, 명문대로 이어지는 루트가 대한민국의 성공 공식처럼 되어버렸다. 학생들은 너무나 당연한 듯 학교에서 학원으로 직행하고, 학교는 어느덧 수능에 익숙한 학생을 찍어내는 공장으로 전락해 버렸다. 사교육에 밀린 공교육이 제 기능을 못하면서 무너져 버린 것이다. 학원천국 대한민국, 거리 곳곳엔 온갖 종류의 학원들로 넘쳐난다. 지구상에 우리나라만큼이나 교육열이 높은 나라가 또 어디 있을까. 대한민국의 사교육시장 규모는 수 십 조에 육박한 지 오래다. 이렇게 엄청난 학원비를 쏟아 붓고 대학에 진학해도 전쟁은 끝나지 않는다. 취업전쟁의 시작인 것이다. 취업을 위한 스펙 쌓기에 젊은 시절을 송두리 바쳐가며 치열한 경쟁 속에서 살아가야 하는 게 대한민국 청년들의 삶이다.

　언제부턴가 취업하기가 하늘의 별따기처럼 어려워지면서 좋은 직장을 갖는 것이 곧 사회적 성공을 의미하게 되었다. 또한 명문대 졸업장이 취업에 필요한 각종 스펙 중 큰 부분을 차지하다보니, 너도나도 초등학교 때부터 소위 입시전쟁에 뛰어드는 것이다. 아이들은 입시전쟁, 엄마들은 정보전쟁이다. '개천에서 용 난다.'는 말은 더 이상 통용되지 않는다. 복잡한 대입제도와 수시로 바뀌는 교육정책으로, 언제부턴가 부모들 사이에서 입시설명회는 필수가 되어버렸다. 성적만 좋으면 명문대를 갈 수 있던 학력고사 시절과는 차원이 다르다. 수 백 가지가 넘는 학교별 대입전형을 꼼꼼히 파악하고 전략을 세워야 한다. 바쁜 수험생을 대신해 학부모들이 각종 입시설명회에 참석하며, 소중한 정보를 하나라도 더 얻기 위해 귀를 기울인다.

물론 엄마의 정보력과 아이의 실력이 비례하는 것은 아니다. 하지만 엄마들 스스로가 그렇게라도 하지 않으면 마음이 편치 않는 상황이 오늘날 대한민국의 현실이다. 많은 학부모들이 이구동성으로 이야기한다. 이러한 사회 분위기에 동참하지 않으면 우리 아이만 도태되는 것 같다고. 이렇게라도 노력하는 게 아침부터 밤늦게까지 힘들게 고생하는 자녀를 향한 일종의 응원이라고 말이다.

입시전쟁에서 취업전쟁으로 이어지는 팍팍한 삶. '헬조선'이라는 말이 나올 정도로 하루하루가 힘겹다보니 대한민국을 떠나는 이들이 늘고 있다. 온 가족이 이민을 가는 것이 여의치 않아 흔히들 선택하는 것이 바로 '기러기 가족'의 삶이다. 조기유학 붐이 일면서 한국 사회의 기러기 가족은 급격히 증가하였다. 자녀 교육이라는 명목 아래, 재회의 기약 없이 떨어져 사는 가족들이 점점 늘어난 것이다. 한국에 남아 있는 수많은 기러기 아빠들은 외로움을 호소하고 있다. 이들 가운데에는 급기야 가족이 해체되는 불행을 겪는 사례도 많다.

자녀교육이 부른 가족공동체의 해체, 가족이 붕괴되면서까지 헌신하는 자녀교육이 무슨 의미가 있을까? 입시지옥 한국의 민낯이다. 자녀들뿐만 아니라 가족 구성원 모두의 삶이 희생되고 있는 것이다.

3. 미국 엔지니어 집중 탐구

한국인이 많이 진출하는 미국 엔지니어링 분야

앞서 살펴보았듯, 미국에서 엔지니어는 전문직으로 통한다. 우리 나라에 비해 사회적 통념이 좋은 만큼이나 근무 여건은 물론 보수 또 한 훌륭하다. 미국 대학 엔지니어링 스쿨의 인기는 날로 상승하는 추 세이다. 2018년 「Career Cast」에서는 미국 엔지니어링 분야 최고 직종들, 'The Best Engineering Jobs of 2018'을 발표하였다. 미 노 동부 통계자료인 평균연봉과 성장률 등을 기준으로 선정된 9개 직 종은 다음과 같다.

The Best Engineering Jobs of 2018

Rank	Job Title	Median Salary	Projected Growth
1	Petroleum Engineer	$128,230	15%
2	Civil Engineer	$84,770	11%
3	Environmental Engineer	$86,800	8%
4	Mechanical Engineer	$85,880	9%

5	Industrial Machine Repairer	$50,440	7%
6	Aerospace Engineer	$113,030	6%
7	Architectural Drafter	$54,170	7%
8	Nuclear Engineer	$105,810	4%
9	Industrial Designer	$65,970	4%

지금 이 순간에도 수많은 한국인들이 미국 곳곳에서 엔지니어로 활동하고 있으며, 그 수는 해마다 증가하고 있다. 한국인이 미국 엔지니어로 활동하는 분야는 위의 표에서 제시된 분야를 포함하여, IT(Information Technology), 건설, 기계, 화학, 항공, 우주, 환경, 에너지, 농업, 바이오, 의료, 신소재 등등 그 범위가 실로 다양하다. 한국인이 많이 진출하는 엔지니어링 분야 중 대표적인 몇 가지를 선정하여 자세히 살펴보자.

Computer Engineering & Computer Science :
컴퓨터공학 및 IT 분야

IT 및 컴퓨터공학은 외국인들이 미국으로 진출하는 각종 엔지니링 분야 중 최고의 인기 분야로 단연코 가장 높은 비율을 차지한다. 실리콘 밸리(Silicon Valley ; 캘리포니아주 샌프란시스코만의 남부지역 도시들을 일컫는 말로, IT를 중심으로 한 미국의 첨단산업과 벤처기업들이 모여 있는 곳이다. 다양한 첨단기술 회사들이 모여 있어 오늘날 전 세계 기술혁신의 상징이다.)를 중심으로 수많은 외국인 엔지니어들이 다양한 전문기술 분야에서 활동하고 있다.

최근 인공지능 및 빅데이터 분야에 대한 수요가 증가함에 따라 컴퓨터 프로그래머, 시스템 분석, 각종 소프트웨어 및 어플리케이션 개발 등에 필요한 인력 수요가 나날이 증가하고 있다. 실제로 2018년 한해 동안 취업비자를 가장 많이 발급받은 직업은 소프트웨어 개발자, 컴퓨터 시스템분석가, 컴퓨터 프로그래머 등 컴퓨터 관련 직종들이다. 상위 1위에서 6위까지 모두 컴퓨터 관련 직업군으로, 타 분야에 비해 압도적으로 많은 숫자를 차지하였다. 이러한 통계는 엔지니어로 미국에서 취업할 때 컴퓨터 및 IT 관련 분야가 가장 높은 비율을 차지하고 있음을 보여준다.

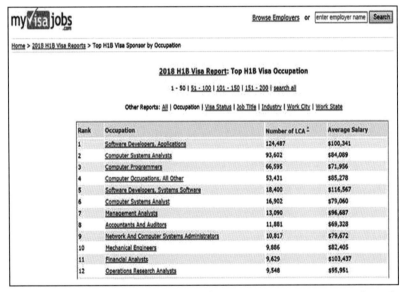

(https://www.myvisajobs.com/Reports/2018-H1B-Visa-Category.aspx?T=OC)

미국은 전 세계 컴퓨터 기술 개발의 중심 국가로서, 실리콘 밸리를 중심으로 컴퓨터 및 IT 관련 산업의 기술혁신을 선도하고 있다. 현재도 그렇지만, 앞으로도 미래의 4차 산업혁명시대를 주도해 나갈 분야는 두 말할 것도 없이 컴퓨터 관련 IT 분야이다. 하드웨어와 소프트웨어뿐만 아니라 각종 데이터 분석 등 해당 기술력을 갖춘 엔지니어의 수요도는 날이 갈수록 증가하는 추세이며, 앞으로도 많은 인력의 수요가 예상된다. 컴퓨터공학 및 IT 분야는 그야말로 미래 사회가 요구하는 대표적인 전공 분야로서, 특히 우리 같은 외국인이 취업하기에 유망한 직종이다.

미국에는 전문기술 영역에 따라 소프트웨어 엔지니어, 정보보안 분석가, 컴퓨터 프로그래머, 데이터 과학자, 컴퓨터 시스템 분석가, 네트워크 및 컴퓨터 시스템 운영자 등 다양한 종류의 직종이 있다. 평균 연봉 또한 한국의 동종업계에 비해 미국이 높은 편임을 알 수 있다. 2018년 미국의 「US News and World Report」에서 선정한 IT 분야 최고 직종 10가지는 다음과 같다.

10 Best Technology Jobs

Rank	Job Title	Median Salary	Projected Jobs
1	Software Developer	$100,080	253,400
2	Information Security Analyst	$92,600	28,400
3	IT Manager	$135,800	43,800
4	Computer Systems Analyst	$87,220	53,000
5	Computer Network Architect	$101,210	10,400
6	Computer Systems Administrator	$79,700	23,900
7	Database Administrator	$84,950	13,700
8	Web Developer	$66,130	21,300
9	Computer Support Specialist	$52,160	87,100
10	Computer Programmer	$79,840	22,600

(https://money.usnews.com/careers/best-jobs/rankings/best-technology-jobs)

Electrical & Electronics Engineering : 전기전자공학 분야

전기전자공학(Electrical & Electronics Engineering)은 전기공학과 전자공학이 합쳐진 개념으로 통상 '더블이(EE)'로 불린다. 전기공학은 큰 의미에서 전자공학을 포함하는 용어로, 전기전자공학은 전기 및 전자, 전자기기를 연구하고 응용하는 분야이다. 전기전자공학은 컴퓨터공학과 더불어 현대 디지털문명사회의 핵심을 이루는 전공이라 할 수 있다.

전기전자공학은 Computer Engineering(CE) 및 Computer Science(CS)와 다루는 분야가 비슷하므로, 실제 미국의 많은 대학들은 학부제 등의 형태로 학과가 합쳐지는 추세가 강하다. 일례로 미국의 탑 엔지니어링 스쿨인 MIT와 UC Berkeley의 경우 'Electrical Engineering & Computer Science'라는 학과 이름으로 프로그램이 운영되고 있다.

최근에는 점차 학문이 융합화 되면서 전기전자공학(EE) 전공자와 컴퓨터공학(CE) 전공자 및 컴퓨터 사이언스(CS) 전공자 사이의 경계를 구분하는 게 더욱 모호해지고 있다. 큰 틀에서 보면 주로 하드웨어 엔지니어와 소프트웨어 엔지니어로 구분되지만, 시스템을 제대로 운영하기 위해서는 두 가지 모두를 다루어야 한다. 전기전자공학 엔지니어는 컴퓨터 엔지니어와 마찬가지로 IT 관련 기업체에서 가장 선호하는 전공이다. 다른 전공에 비해 미국에서 취업할 수 있는 범위가 상당히 넓고, 특히 컴퓨터 전공자들과 더불어 외국인 엔지니어들이 가상 많이 진출해 있는 분야이기도 하다. 하는 일 자체가 말을 통한 의사전달보다는 주로 하드웨어나 소프트웨어 개발 등을 통하여 전문기술과 능력을 발휘하는 것이므로, 더할 나위 없이 좋은 틈새시장이다. 컴퓨터, IT 및 전기전자공학 분야는 다른 분야에 비해 비교적 외국인 채용에 대한 장벽이 높지 않다. 전기전자공학 분야가 컴퓨터 분야와 더불어 미국 엔지니어를 꿈꾸는 한국인에게 최고의 인기를 자랑하는 이유다.

(https://www.bls.gov/ooh/architecture-and-engineering/electrical-and-electronics-engineers.htm)

미국에서 전기전자공학 전공자들은 각종 기업체나 연구소는 물론이고 정부기관으로도 광범위하게 채용이 많이 된다. 미 노동부 통계자료에 따르면, 2017년 Electrical and Electronics Engineer들의 평균 연봉은 $97,970이고, 2016년 기준 미국 내 일자리 수는 324,600개로 엄청난 양의 수요를 보여주고 있다. 또한 2026년까지 향후 10년간 일자리 증가율은 7%로 약 21,300개의 일자리가 늘어날 것으로 예측했다.

Civil & Environmental Engineering : 토목환경공학 분야

토목환경공학 분야는 도로, 교량, 철도, 공항, 항만, 댐, 상하수도, 터널, 각종 발전소 및 플랜트 설비 등 주로 사회간접자본(SOC, Social Overhead Capital) 인프라를 건설하고 운용, 관리하는 분야이다. 토목공학(Civil Engineering)은 엔지니어링 분야에서 가장 오래된 학문으로 인류의 역사와 함께 시작되었다. 자연과학을 이용한 모든 공학의 근간을 이루며 인류문명 발달의 가장 기본이 되는 자연을 바탕으로 인간 생활의 기반 시설물을 구축한다.

세부 전공분야로는 Structural Engineering(구조공학), Geotechnical Engineering(지반공학), Hydraulics & Hydro Engineering(수리수문공학), Geomatics & GIS(측량 및 지형정보공학), Transportation Engineering(교통공학), Construction Management(건설 시공관리) 등이 있다. Environmental Engineering(환경공학) 또한 기본적으로는 토목공학의 한 전문분야이나, 최근에는 환경 관련 분야의 중요성이 강조되면서 학과 이름이

Civil and Environmental Engineering(토목환경공학)으로 통칭되는 추세이다.

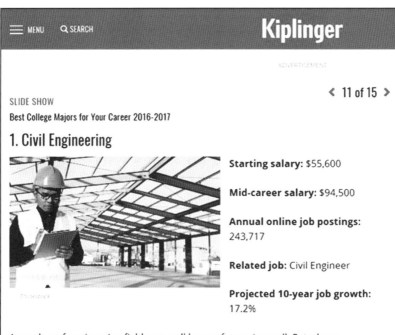

‹ 11 of 15 ›

SLIDE SHOW
Best College Majors for Your Career 2016-2017

1. Civil Engineering

Starting salary: $55,600

Mid-career salary: $94,500

Annual online job postings: 243,717

Related job: Civil Engineer

Projected 10-year job growth: 17.2%

A number of engineering fields are well known for paying well. Petroleum engineering, for example, turns out the top earners of all 215 majors we analyzed. However, the size of the job market—with just about 35,000 petroleum engineers in the country—means scant opportunities for those looking to join the field, especially in light of the steep drop in oil prices since 2014. Civil engineering students have better prospects: **Civil engineers, who design and supervise large construction projects, including airports, sewer systems and tunnels, are expected to add nearly 50,000 positions to their ranks by 2025.** (In 2015, the count for civil engineers was more than 286,000.)

An inclination toward math and science would make you a good civil engineering candidate. Your course load would include fluid mechanics, statics, structural analysis and design, and thermodynamics. Also be prepared to think through many word problems and work on group projects.

https://www.kiplinger.com/slideshow/college/T012-S001-best-college-majors-for-your-career-2016-2017/index.html)

Civil Engineer는 한국보다 특히 미국에서 압도적으로 인기가 많은 직종이다. 앞에서도 언급했듯, 미국과 우리나라는 기술자를 대하는 사회적 인식의 차이가 너무도 크다. 미국에서 전문직으로 통하는 엔지니어들이 한국에서는 일명 노가다맨으로 치부된다. 이런 어처구니없는 상황은 특히 건설과 관련된 직종인 건축, 토목공학 분야에서 가장 두드러지게 나타난다. 참으로 안타까운 현실이다. 미국에서 토목공학의 인기는 우리가 상상하는 것 이상으로 높다. 특히 트럼프 행정부 이후 미국의 경기가 회복되면서 건설 분야 인력수요가 점점 증가하는 추세이다. 미국의 Civil Engineer들은 설계, 시공, 컨설팅 등 민간 분야는 물론, 시청, 카운티(우리나라 군 개념), 주정부, 연방정부 등 각종 공공분야까지 광범위하게 진출한다.

토목공학은 '건설'이라고 하는 전공 특성상 공공 프로젝트가 많으므로, 타 분야에 비해 특히 공무원 쪽으로 많이 진출하는 전공 분야다. 미국의 재무관리 전문 미디어 그룹인 「Kiplinger」의 조사자료에 따르면, 2016-2017년 최고의 대학 전공으로 Civil Engineering이 1위를 차지하였다. 연간 243,717개의 취업자리가 있으며 향후 10년간 관련 직업 성장률은 17.2%로, 토목공학 관련 취업 시장의 앞날은 밝다.

Mechanical Engineering : 기계공학 분야

기계공학(Mechanical Engineering)은 소위 4대 역학(고체역학, 동역학, 유체역학, 열역학)을 기반으로 기계 및 관련 장치, 설비 등의 설계와 제작에 관련된 전반적인 시스템을 다루는 학문이다. 기계공학은 여러 가지 공과대학 전공들 가운데 엔지니어링을 대표하는 가장 전통적인 공학 분야라고 할 수 있다. 미국 대학들 중에는 〈Texas A&M University〉처럼 학교 이름에 'A&M'이 들어가는 학교들이 있다. 여기서 A&M은 'Agricultural & Mechanical'의 약자로, 대학이 처음 생겨날 때 농업과 기계 분야의 전공으로 가장 먼저 시작되어서 붙여진 이름이다. 이처럼 대부분의 미국 공과대학들은 그 역사를 기계공학과 함께 한다.

기계공학 전공자들이 진출하는 취업 스펙트럼은 상당히 넓다. 일반적으로 자동차, 항공, 조선, 건설, 기계 설비 등의 분야가 대표적이지만, 학문이 융합화 되면서 화학, 전자, 의료, 신소재, 로봇, 나노 기술 등 기계공학이 접근하는 분야는 실로 광범위하다. 내가 대학을 다니던 90년대엔 토목과 학생들은 '노가다', 기계과 학생들은 일명 '취업 깡패'로 통했다. 다른 전공에 비해 기본적으로 공대 학생들은 취업이 잘 되었지만, 특히 기계공학과 졸업생들은 그만큼이나 취업이 잘 되었다는 반증이다.

기계공학의 폭넓은 활용은 미국에서도 마찬가지이다. 미국은 전 세계에서 국방비로 가장 많은 예산을 지출하기로 유명하다. 미국의 2019 회계연도 국방 예산은 6860억 달러 규모로, 우리나라 전체 일 년 예산의 약 두 배 정도 수준이다. 이처럼 국방비에 압도적으로 많은 예산을 쏟아 붓는 미국의 경우, 기계공학과 함께 특히, 무기 관련 산업이 발달해 있다.

또한 미국은 잘 알려진 것처럼 자동차의 나라이다. 차 없이는 동네 슈퍼도 갈 수 없을 정도로 땅덩어리가 넓다. 자동차가 생활필수품인 미국의 자동차 및 부품제조 산업은 실로 엄청난 규모이다. 군수산업, 자동차산업과 더불어 우주개발 등으로 항공 관련 산업이 발달하면서, Mechanical Engineer의 수요는 날로 증가하는 추세이다. 2018년 「US News & World Report」에 따르면 미국에서 가장 인기 있는 엔지니어링 직업(Best Engineering Jobs) 순위에 Mechanical Engineer가 1위를 차지하고 있다. 평균연봉은 $84,190이고, 미취업률은 1.1%에 불과해 여전히 취업 시장의 밝은 미래를 전망하고 있다.

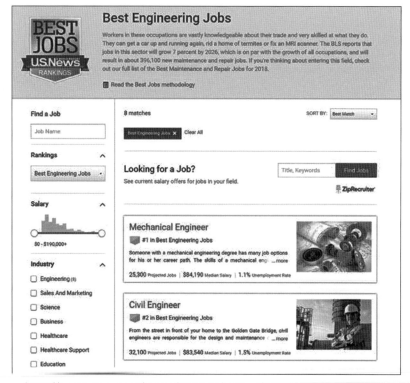

(https://money.usnews.com/careers/best-jobs/rankings/best-engineering-jobs)

Chemical Engineering : 화학공학 분야

화학공학(Chemical Engineering)은 말 그대로 화학제품의 제조공정과 관련된 각종 프로세스를 공학적으로 다루는 학문이다. 일상생활에 필요한 모든 화학제품을 만들고 발전시키는 분야이므로, 화학공학 역시 미국 엔지니어 취업전망이 높은 대표적인 분야 중 하나이다. 화학공학 전공자들은 각종 케미컬 관련 기업체를 비롯하여 제약회사, 정유회사, 플랜트 및 헬스케어 계열 연구소 등 활동 범위가 광범위하다. 미 노동부 통계자료에 따르면, 2017년 5월 기준 Chemical Engineer의 평균연봉은 $102,160로 높은 편이다. 2016년 기준 미국 내 32,700개의 일자리가 있으며, 2026년까지 향후 10년간 일자리 수가 8% 더 증가할 것으로 전망했다.

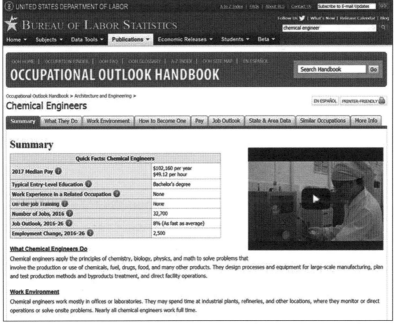

(https://www.bls.gov/ooh/architecture-and-engineering/chemical-engineers.htm)

미국 엔지니어 활동 분야

**민간기업, 정부기관, 연구기관 : 공무원으로 일하는 미국 엔지니어
들은 상상 외로 많고, 그들의 평균연봉은 1억 이상**

앞서 살펴본 것처럼 미국에서 엔지니어는 전문직으로 통한다. 우
리나라에 비해 사회적 통념이 좋은 만큼이나 근무여건은 물론 보수
또한 매력적이다. 여러 가지 전공들 가운데 엔지니어링은 약학 및 간
호학과 함께 미국에서도 압도적으로 높은 취업률을 자랑한다. 무엇
보다 취업이 잘 되고 연봉도 높다보니 미국 대학의 엔지니어링 스쿨
은 인기가 날로 상승하는 추세이다. 우리나라처럼 성적이 좋은 학생
들이 너나 할 것 없이 의과대학으로 몰리는 현상은 찾아보기 힘들다.

물론 미국에서도 메디컬 스쿨이나 로스쿨이 타 분야에 비해 인기
있는 분야이긴 하지만, 우리처럼 성적에 따라 무조건 가는 식으로 선
택하진 않는다. 각자의 적성과 관심분야에 따라 전공을 선택하며, 엔
지니어링에 흥미가 있는 학생들은 엔지니어의 길을 걷는다. 자신의
적성에 맞는다면 엔지니어의 삶을 살아도 얼마든지 행복한 인생을
꾸려갈 수 있는, 그야말로 제대로 된 사회 시스템인 것이다.

미국 엔지니어들이 활동하는 분야는 크게 민간기업체, 정부기관,
연구기관 이렇게 3가지로 분류해볼 수 있다. 대기업과 중소기업으로
이루어진 민간기업체는 두 말할 것 없이 엔지니어들이 가장 많이 활
동하는 분야이다. 대부분의 기업체에서 엔지니어들이 일하는 분야는

제조 및 엔지니어링 서비스 분야로, 미 노동부 통계에 따르면, 2016년 기준 제조 분야에 고용된 엔지니어는 578,000명으로 1위, 엔지니어링 서비스 분야는 315,200명으로 2위를 차지했다.

그다음으로 많은 분야가 3위를 차지한 정부기관으로, 미국의 연방정부와 주정부, 지방정부에 공무원으로 고용된 엔지니어는 203,200명으로 발표되었다. 통계자료가 보여주듯, 미국에는 각종 정부기관에서 공무원으로 일하는 엔지니어, 즉 기술직 공무원이 상당히 많다. 민간기업체 다음으로 많은 숫자의 미국 엔지니어들이 연방정부와 주정부, 또는 카운티나 시청 등의 지방정부 곳곳에서 공무원으로 일하고 있다. 이렇게나 많은 엔지니어들이 미국에서 공무원으로 일한다는 사실은 상당히 고무적이다. 더욱 매력적인 건 그들의 급여 수준이다. 미국 정부기관에서 일하는 엔지니어들의 평균연봉은 2016년 기준 $95,450로 조사되었다. 연봉 1억이 넘는 수준이다.

한번 생각해보자. 우리나라 기술직 공무원 중 현실적으로 연봉 1억이 넘는 사람들이 과연 몇 명이나 되겠는가. 같은 공무원이라고 해도 미국 엔지니어들이 받는 연봉은 우리나라 기술직 공무원에 비해 상당히 높은 수준임을 알 수 있다.

그다음은 4위를 차지한 연구기관이다. 미국 엔지니어들이 활동하는 연구기관으로는 국가연구소나 대학연구소, 기업연구소 등을 들 수 있다. 이 자료에 의하면, 83,100명의 엔지니어들이 미국의 각종 R&D(Research & Development) 분야에서 일하는 것으로 조사되었다. 좀 더 자세한 내용은 다음에 링크된 미 노동부 웹 사이트에서 참조하기 바란다.

Top industries of employment for engineers (2016)

Occupations	Employment of engineers (2016)	New jobs projected for engineers (2016–2026)	Median annual wage for engineers (2016)
Manufacturing	578,400	10,900	$88,430
Engineering services	315,200	54,300	$87,360
Federal, State, and local government	203,200	7,700	$95,450
Scientific research and development services	83,100	14,700	$104,350
Management of companies and enterprises	51,800	4,500	$97,330
Construction	50,900	7,900	$78,570
Computer systems design and related services	46,900	9,300	$104,590

(https://www.bls.gov/careeroutlook/2018/article/engineers.htm?view_full)

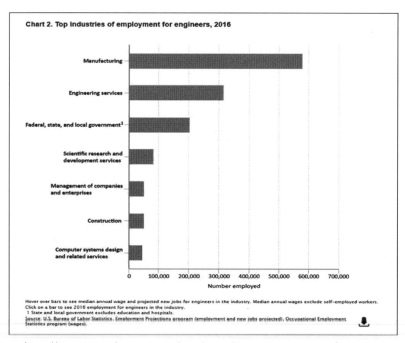

Chart 2. Top industries of employment for engineers, 2016

(https://www.bls.gov/careeroutlook/2018/article/engineers.htm?view_full)

PART. 2
미국 엔지니어 취업하기
준비편 – 천리길도 한걸음부터

좋은 성과를 얻으려면

한 걸음 한 걸음이

힘차고 충실하지 않으면 안 된다

- 단테

1. 미국 엔지니어 취업을 위한 학력 및 자격조건

미국 엔지니어가 되기 위한 학력조건

미국 엔지니어가 되려면 구체적으로 어떤 조건들이 필요할까? 미국 엔지니어는 전문직이므로 당연히 일정한 수준의 학력조건 및 자격조건을 갖추어야 한다. 우선 전공분야의 대학교육을 받고 필요한 학력을 갖추는 것은 기본이자 필수조건이다. 미국 대학교육시스템은 우리나라처럼 크게 Community College(전문대), University(대학교), Graduate School(대학원)로 구분할 수 있다. 미국 통계청 자료에 의하면, 2011년 이후 미국의 2년제 및 4년제 대학(Colleges and Universities) 숫자는 약 4,700여 개 수준을 유지하고 있다. 이는 우리나라 전체 대학 숫자의 열 배가 넘는, 실로 엄청난 규모이다.

우리나라 전문대에 해당하는 커뮤니티 칼리지는 보통 2년 과정으로, 졸업하면 준학사 학위를 받는다. 전공에 따라 AA(Associate of Arts) 또는 AS(Associate of Science) 학위로 통용된다. 커뮤니티 칼리지 졸업

후 곧바로 취업이 가능하지만, 엔지니어링 분야의 경우에는 대부분 4년제 대학교로 편입을 한다. 커뮤니티 칼리지에는 일반적으로 엔지니어링 프로그램이 별로 없고, 편입할 경우 커뮤니티 칼리지에서 취득한 학점이 모두 인정되기 때문이다. 또한 준학사 학위만 가지고 있으면 기본적으로 엔지니어가 아닌 테크니션Technician으로 일하게 된다.

한국에서는 보통 기능직 테크니션이나 기술직 엔지니어 모두 뭉뚱그려 '공돌이'로 칭하는 경우가 많지만, 미국은 다르다. 미국에서 'Technician'과 'Engineer'는 하는 업무나 급여 등이 확연히 구분된다. 미국의 테크니션은 우리나라 기능공과 비슷한 개념으로, 특정분야의 훈련된 기술을 바탕으로 직무를 수행한다. 주로 엔지니어의 지시를 받는 경우가 많고, 2년제 칼리지 수준의 학업과 실습 등을 거쳐야 한다. 얼핏 보면 엔지니어와 비슷한 직업 같지만, 포지션 자체가 다르고 급여수준도 많이 다르다. 공학 기술적 판단을 요하는 업무는 엔지니어가 담당하고, 테크니션은 주로 엔지니어를 보조하는 업무를 담당한다.

미국 엔지니어가 되기 위해서는 기본적으로 4년제 대학의 엔지니어링 과정을 이수하고 학사(Bachelor) 학위를 취득해야 한다. 학사 학위가 있어야만 전공분야에 필요한 과목들을 이수하고 실무에서 요구되는 최소한의 전문지식을 습득한 것으로 인정받는다. 전문직인 엔지니어는 각 분야별로 각각의 세부전공 및 전문기술력(Specialty)을 필요로 한다. 따라서 대학원을 졸업한 석사(Master)나 박사(Ph.D.)학위 소지자의 경우에는 좀 더 디테일한 전문기술력을 인정받을 수 있다.

업무 포지션에 따라 다소 차이는 있지만, 대부분 학사보다는 석사를 더 선호하는 경향이 크다. 그렇다고 해서 박사를 가장 선호하는 것은 아니다. 최고 수준의 학위인 박사학위 소지자는 주로 대학이나 연구소 등 연구기관으로 가장 많이 진출한다. 말 그대로 고학력자이므로 일반 회사의 경우에는 오히려 부담스러워할 수도 있다. 전공별, 업종별 차이는 있으나 일반적으로 미국에서 엔지니어 포지션으로 가장 선호도가 높은 사람들은 석사급 인재들이다. 전공분야 석사학위와 전문자격증을 보유하고 있고, 어느 정도 실무 경력이 있는 엔지니어들이 취업 시장(Job market)에서 가장 인기가 많다.

그렇다면 미국 엔지니어를 꿈꾸는 이들에게 가장 유리한 학력조건은 무엇일까? 한국인이 미국 엔지니어로 취업하기 위해 현실적으로 가장 좋은 학력조건은 미국에서 학부나 대학원을 마치는 것이다. 즉 미국 대학의 학사나 석사 학위가 있으면 취업에서 성공률이 가장 높다. 미국 대학에서 학위를 취득한 경우라면 일단 영어가 될 것이고, 취업비자를 발급받기도 수월하다. (취업비자 및 체류신분에 대해서는 〈4장, 완성편〉에서 구체적으로 다루도록 하겠다.) 따라서 미국에서 학위를 받으면 일단 취업하는 데 특별히 큰 문제는 없다.

하지만 국내 대학을 졸업한 경우라면 뭔가 자신만의 특별한 필살기(?)가 필요하다. 우리나라에서 아무리 일류대학을 졸업해도 일단 미국 내에서는 인지도 자체가 거의 없기 때문이다. 대한민국 최고라고 할 수 있는 서울대마저도 그 존재를 알고 있는 미국인은 찾기 힘들다. 한국식 스펙이 아닌, 회사에서 관심을 가질 만한 나만의 특별한 전문기술력이 있음을 증명해야만 한다.

각자 처해 있는 상황이 다르겠지만, 할 수만 있다면 먼저 유학을 가서 전공분야의 석사학위 정도를 받는 것이 미국 엔지니어로 취업하는 데 가장 빠른 길이다. 특별히 대학교수나 연구원이 목적이 아니라면, 굳이 박사과정까지 밟을 필요는 없다. 미국의 일반 기업체나 기술직 공무원 등의 엔지니어 취업이 목표라면 미국에서 학부나 석사만 마치고 곧바로 도전하면 된다.

만약 현실적으로 도저히 유학을 할 수 있는 상황이 아니라고 해도 꿈을 포기하진 말자. 찾으면 길은 반드시 있다. 한국에서 학부나 대학원을 졸업하고도 미국 엔지니어로 취업한 사례는 얼마든지 있다. 단지 미국에서 전혀 교육을 받아본 경험이 없는, 그야말로 대한민국 순수 '토종'이라면 학력조건에서 상대적으로 승률이 떨어질 뿐이다. 이런 경우엔 자신의 부족한 경쟁력을 각종 자격증이나 전문기술력, 다양한 실무경력 등의 다른 내공들로 커버해 주어야 한다. 현지 유학파에 비해 상황은 다소 불리하지만, 전략을 잘 세워 철저히 준비한다면 충분히 도전해볼 만하다. 미국 엔지니어의 길은 아직 열려 있다.

미국 엔지니어 자격조건 :
전문자격증 종류 및 취득 전략

앞에서 전공분야의 학력을 갖추는 것은 미국 엔지니어가 되기 위한 기본이자 필수조건이라고 했다. 이번에는 자격조건에 대해서 살펴보도록 하자. 미국 엔지니어가 되기 위해서는 학력조건과 더불어 전공분야의 전문자격증, 즉 자격조건 또한 갖추어야 한다. 자격증은 해당분야의 기술력을 보유하고 있다는 것을 국가기관에서 공식적으로 인정하는 증서, 즉 국가공인자격이다.

우리나라의 경우 각 직무분야 종목별로 기능사技能士, 기사技士, 기능장技能長, 기술사技術士 등 자격등급에 따른 국가기술자격증 종류가 다양하게 존재한다. 미국도 한국처럼 엔지니어링 분야별로 인정하는 기술자격증이 있다. 각 전공분야별로 여러 가지 전문자격증이 존재하며, 특히 국경 개념이 거의 없는 IT 분야는 국제적으로 인정받는 자격증이 더욱 많다.

각종 프로그래밍이나 네트워크 기술 등과 관련하여 세계적인 IT 기업들이 주관하는 다양한 종류의 국제공인자격증들이 있다. 이런 특수 분야의 자격증을 포함한 여러 가지 기술자격증 가운데, 가장 일반적으로는 우리나라 공학기사에 해당하는 EIT(Engineers in Training, 통상 FE라고 불림)와 기술사에 해당하는 PE(Professional Engineer) 라이센스가 대표적이다.

한때 한미 FTA(자유무역협정) 타결로 한국과 미국 간 기술사 등 전문 직 자격 상호인증이 가능하다는 이야기가 나돌았는데, 한미 간에 발효된 FTA 협정 내용의 구체적인 조항들이 정확히 어떻게 되는지는 잘 모르겠다. 하지만 실제 미국에서 바라보는 현실을 이야기하자면 말이 상호인증이지, 우리나라 입장에서는 거의 무용지물에 가깝다.

실제로 미국 PE 라이센스의 경우 한국에서도 인정을 받지만, 한국 기술사의 경우는 미국에서 아직까지 아무런 인정을 받지 못한다. 기술사 자격증은 대한민국 이공계 최고의 국가기술자격으로 기술 분야의 꽃으로 불린다. 그럼에도 불구하고 미국 땅에서는 아무런 인정도 받지 못하는 것이 냉혹한 현실이다.

50개의 주로 이루어진 미국은 각 주마다 법이 달라서 기술 자격과 관련된 법도 각 주별로 다르게 적용된다. 한국의 기술사 자격증이 미국에서 인정받기에는 실질적으로 상당한 시간이 소요될 것이다. 향후에 인정을 받게 된다 해도 극히 일부 주에서만 실행될 가능성이 다분하다. 결국 미국 엔지니어가 되기 위해서는 미국에서 발행하는 기술자격증이 있어야 한다는 이야기다.

미국의 기술자격증은 분야별로 요구하는 조건이 천차만별이므로 본인의 전공분야에서 자격증이 어느 정도로 필요한지부터 알아볼 필요가 있다. 분야에 따라서 자격증을 필수적으로 요구하는 곳도 있고, 거의 필요 없는 분야도 있다. 또한 같은 전공분야라고 하더라도 일하는 식종에 따라 요구조건이 달라질 수 있다.

다음은 미국에서 일반적으로 가장 널리 통용되는 기술자격증의 종류 및 취득 전략에 대해서 알아보도록 하자.

EIT(Engineers in Training) :

공학기사에 해당하며, 가장 기본이 되는 필수자격증

EIT는 우리나라의 공학기사에 해당하는 것으로, 대학에서 엔지니어링 교육을 받고 실무경험을 쌓기 전에 취득할 수 있는 자격증이다. 우리나라에서 기술사 시험을 보려면 먼저 기사 자격증 취득 후 일정 기간 실무경력을 쌓아야 한다. 이와 마찬가지로 미국에서도 PE 자격 시험을 보기 위해서는 반드시 EIT 통과 후 일정 기간의 경력을 필요로 한다. 따라서 EIT(기사)는 엔지니어링 분야의 가장 기본이 되는 필수자격증으로, PE(기술사)가 되기 위한 첫 단계라 할 수 있다.

미국에서 EIT가 되기 위해서는 FE(Fundamentals of Engineering) exam 이라는 시험을 통과해야 한다. 시험의 명칭이 'FE exam'이라 흔히들 EIT를 FE로 혼용해서 부른다. 미국의 공학기술 분야 각종 자격증 시험은 NCEES(National Council of Examiners for Engineering and Surveying)라는 기관에서 주관한다. 우리나라의 한국산업인력공단에 해당하는 곳이다. 시험은 NCEES에서 주관하지만 자격증 교부는 각 주에서 별도로 발부하고 있다.

현재 FE exam은 컴퓨터를 이용한 CBT(Computer-based testing) 방식으로 연중 매월 시행되고 있다. 시험은 전체 110문항으로 쉬는 시간 포함, 총 6시간이 소요된다. 2014년부터 바뀐 시험 방식이다. 간혹 인터넷 블로그 등에 예전의 종이시험 방식(4월과 10월, 120문항, 8시간 소요 등)이 올라와 있는 것을 볼 수 있다. 최신 정보가 아니므로 주의하기 바란다.

시험방식이나 경향 등은 시기별로 바뀐다. 인터넷 여기저기에 많은 정보와 자료가 돌아다니지만, 가장 정확한 최신 정보는 시험 주관기관인 NCEES 웹사이트(https://ncees.org/)에서 직접 확인해야 한다. 이곳에서는 시험일정 및 준비 자료는 물론, 최근의 합격률도 확인이 가능하다.

Pass rates

The pass rates below represent January/February/March and April/May/June 2018 FE examinees who

- Took the FE exam for the first time
- Attended EAC/ABET-accredited engineering programs
- Took the FE exam within 12 months of graduation

Exam	Volume	Pass rate
FE Chemical	1076	74%
FE Civil	6062	69%
FE Electrical and Computer	1399	71%
FE Environmental	807	76%
FE Industrial and Systems	300	61%
FE Mechanical	4559	77%
FE Other Disciplines	1289	74%

(https://ncees.org/engineering/fe/)

앞 페이지에 제시된 표는 NCEES 웹사이트에 공개된 각 분야별 FE exam 합격률이다. 2018년 상반기(1월-6월) 자료이고, 졸업 후 12개월 이내에 처음으로 응시한 사람들의 합격률을 보여주고 있다. 이 자료가 보여주듯, FE exam 합격률은 전 분야 60% 이상으로 꽤 높은 편임을 알 수 있다.

PE(Professional Engineer):
기술사를 의미하며, 엔지니어링 분야 전문자격증

FE exam에 합격하여 EIT 취득 후 일정 기간(주마다 약간씩 차이는 있으나, 보통 4년) 실무경력을 쌓으면, PE 자격시험을 치를 수 있는 자격이 주어진다. PE 라이센스는 우리나라 기술사에 해당하는 것으로 미국 엔지니어링 분야의 전문자격증이다. PE exam 역시 NCEES에서 주관하며 자격증은 각 주별로 발부 및 관리한다.

미국은 각 주마다 법이 다르다. 기술 자격과 관련된 법 조항도 각 주별로 다르게 적용된다. 우리나라처럼 기사나 기술사 자격증 취득 후 전국망으로 사용가능한 것이 아니다. 각 주마다 발급되는 PE 자격증이 다르다 보니, 어느 특정 지역의 프로젝트를 수행하려면 해당 지역이 속해 있는 주의 PE 라이센스를 가지고 있어야 한다. 그렇다고 해서 각 주마다 따로따로 계속 시험을 봐야 하는 것은 아니다. 어느 주에서든 일단 PE exam에 합격하면, 캘리포니아를 제외한 나머지 대부분의 주들은 별도의 시험 없이도 타주의 PE 라이센스를 발급받아 사용할 수 있다.

PE exam은 각 분야별로 시험 스케줄이 다르다. FE exam처럼 컴퓨터시험(CBT)이 가능한 분야는 연중 응시할 수 있지만, 기존의 전통적 방식인 종이시험(Pencil-and-paper exam)인 경우에는 일 년에 한 번(4월) 또는 두 번(4월, 10월) 응시 가능하다. 한편 CBT 시험이 가능한 PE exam 분야는 해마다 바뀌는 추세이다. 일단 본인이 응시하고자 하는 분야의 시험방식을 NCEES 웹사이트에서 정확히 확인하는 것이 중요하다.

참고로 오레곤주의 경우 국내에서도 PE exam 응시가 가능하다. 향후 미국 엔지니어 취업을 준비한다면 한국에서 미리 PE 라이센스를 취득해 두는 것도 좋은 전략이다. PE exam은 한국의 기술사 시험에 비하면 상당히 쉽다고 할 수 있다. 문제가 영어로 되어 있어서 어렵게 느껴질 뿐, 사실 난이도 자체는 그다지 높지 않다. 또한 우리나라와 달리 오픈 북 시험 방식이므로 특정 공식을 죽어라 외울 필요도 없다. 전공분야의 기본원리를 제대로 이해하고 있는지, 참고서적을 활용한 응용이 가능한지를 판단하는 시험이다. NCEES 웹사이트에서 제공하는 시험준비 자료(Exam preparation materials)를 참고하면 모의고사 형식으로 되어 있는 시험문제 유형을 파악할 수 있다.

다음의 자료가 보여주는 것처럼 최근에는 PE exam 또한 전반적으로 합격률이 꽤 높은 것을 알 수 있다. 위축되지 말고 자신 있게 도전해보자. 응시자들 절반 이상이 합격하는 시험이다. 특별히 당신만 합격하지 못할 이유가 없지 않은가!

PE exam pass rates

PE exam pass rates are from the April 2018 exam administration, except where otherwise noted.

Exam	First-time takers		Repeat takers	
	Volume	Pass Rate	Volume	Pass Rate
PE Agricultural and Biological	27	70%	5	80%
PE Architectural	101	62%	17	6%
PE Chemical (CBT)	285	80%	3	67%
PE Civil: Construction	904	58%	736	28%
PE Civil: Geotechnical	528	61%	357	28%
PE Civil: Structural	1728	59%	696	29%
PE Civil: Transportation	1741	64%	1013	38%
PE Civil: Water Resources and Environmental	1728	71%	866	44%
PE Control Systems (October 2017)	240	73%	52	48%
PE Electrical and Computer: Computer Engineering	24	50%	5	20%
PE Electronics, Controls, and Communications	124	59%	31	26%
PE Electrical and Computer: Power	1024	57%	667	35%
PE Environmental	314	69%	115	43%
PE Fire Protection (October 2017)	189	60%	77	48%
PE Industrial and Systems	86	66%	13	8%
PE Mechanical: HVAC and Refrigeration	648	72%	216	49%
PE Mechanical: Machine Design and Materials	492	74%	119	39%
PE Mechanical: Thermal and Fluids Systems	539	70%	254	45%
PE Metallurgical and Materials (October 2017)	63	70%	11	36%
PE Mining and Mineral Processing (October 2017)	61	57%	15	60%
PE Naval Architecture and Marine Engineering	46	57%	14	36%
PE Nuclear (October 2017)	34	71%	7	29%
PE Petroleum (October 2017)	187	70%	51	33%
PE Software	12	42%	3	0%

The pass rates for CBT exams represent January/February/March and April/May/June 2018 PE examinees.

(https://ncees.org/engineering/pe/pass-rates/)

2. 미국 엔지니어, 나도 할 수 있다!

명확한 비전과 목표로, 한 걸음씩 꿈을 향해

5년, 10년, 20년 후 나의 모습을 그려보며, 구체적인 커리어 계획을 세워보자

당신의 꿈은 무엇인가? 당신에겐 죽기 전에 꼭 해보고 싶은 꿈이 있는가?

사람은 누구나 자신만의 꿈이 있다. 그것이 소박한 것이든 거창한 것이든, 정도의 차이는 있어도 각자의 꿈은 하나하나 다 소중한 것이다. 꿈꾸는 자는 삶의 자세부터가 다르다. 꿈은 삶의 에너지이자 원동력이다. 살아가는 이유이기도 하다. 한때 국내에도 버킷리스트 Bucket list 열풍이 불었던 적이 있다. 이 책을 읽고 있는 여러분의 버킷리스트 한편엔 '미국 엔지니어의 꿈'이 자리 잡고 있으리라 믿는다.

당신에게 미국 엔지니어의 꿈이 있다면 일단 명확한 비전과 목표를 세우가. 미국에서 이 새로운 삶에 대한 명확한 비전을 가지고, 미국 엔지니어 취업이라는 목표를 세워야 한다. 미국 엔지니어의 꿈은 당장 하루아침에 이루어질 수 있는 일이 아니다. 장기적 목표를 세우고 끈기 있게 한걸음씩 걸어가야만 이룰 수 있는 인생 프로젝트인 것이다.

지금의 내 모습과 꿈을 이룬 후의 내 모습을 비교해보자. 5년, 10년, 20년 후 나의 모습을 그려보며 구체적인 커리어 계획을 세워보는 것이다. 계획은 구체적일수록 좋다. 가급적이면 최대한 구체적으로, 디테일한 계획을 세워보자. 내가 즐겨 쓰는 방법은 엑셀과 같은 스프레드 시트를 이용한 방법이다. 일단 첫 번째 칼럼에는 연도를 적고, 두 번째에는 각 연도에 해당하는 나이를 적어 내려간다. 나머지 칼럼에는 각 연도별 근무년수, 경력사항, 개인적 목표나 계획 등을 적는다.

결혼을 하고 자녀가 있는 경우라면 아이들 나이도 연도별로 함께 적어보자. 자녀들이 자라감에 따라 각 시기별로 부모로서 준비해야 할 일들이 다르다. 내가 몇 살 때 아이들이 대학을 가게 되는지, 은퇴는 언제쯤 하면 좋을지 삶의 궤적을 따라가며 거치게 될 중요한 과정들이 보이게 될 것이다.

이런 식으로 꼼꼼하게 정리를 하다보면 커리어 관리도 쉽고, 무엇보다 인생의 중장기 계획이 한눈에 쏙 들어와서 좋다. 특히 계획을 세우는 과정에서 생각을 많이 하게 되므로 중간 중간 새로운 아이디어도 많이 떠오른다. 또한 목표와 계획을 정리할 때 우선순위를 정하면 소중한 일을 먼저 실천할 수 있다. 물론 계획이란 중간 중간 상황에 따라 언제든지 변경될 수 있다. 하지만 이렇게 구체적으로 자신의 인생 로드맵을 작성해 놓으면 항상 리마인드가 되므로 쉽게 잊히지 않는다.

사람은 보통 목표와 계획이 선명하고 구체적일수록 그대로 실천하려는 의지가 강해진다. 대충 머릿속으로 생각만 해놓은 계획은 본인 스스로 관리하려는 의지가 별로 없는 것이다. 절실하지 않은 꿈은 꿈이 아니다. 그저 희망사항일 뿐이다. 희망사항은 특별한 운이 따르지 않는 한 대부분 이루어지지 않는다.

'불광불급不狂不及'이란 말이 있다. 모름지기 어느 한 분야에 미치려면(及), 미쳐야(狂) 가능하다는 뜻이다. 말 그대로 미친 듯이 몰두해야만 성공할 수 있다. 미국 엔지니어가 꿈이라면 자나 깨나 미국 엔지니어 생각에 사로잡혀 있어야 한다. 어느 분야로 진출할 것인지, 취업 시기는 언제가 타깃인지, 그 목표를 이루기 위해 지금부터 준비해야 할 것은 무엇인지 등, 자료조사부터 시작해서 기간별 실행계획까지 하나씩 정리해야 한다.

당신이 진정으로 미국 엔지니어가 되길 원한다면 지금부터라도 구체적인 계획을 세워보자. 명확한 비전과 목표를 세우고, 한걸음씩 꿈을 향해 뚜벅뚜벅 걸어가야 한다.

이 책은 당신이 미국 엔지니어의 꿈을 이루기 위한 긴 여정의 가이

드가 되어줄 것이다. 현지에서의 생생한 경험을 바탕으로 정리한 것
이므로 믿고 따라와도 된다. 한 번도 가보지 않은 길이라면 더더욱
많은 도움이 되리라 확신한다. 물론 각자의 전공분야와 처해진 상황
에 따라 여러 가지로 준비해야 할 것들의 차이는 있다.

현재 있는 곳이 한국인지 미국인지부터 시작해서, 영어실력은 어
느 정도인지, 신입인지 경력직인지, 체류신분은 어떻게 해결할 것인
지 등등 각자 본인이 처해 있는 상황에 따라 맞춤형 전략을 짜야 한
다. 이 책에서 제시하는 구체적 정보들을 바탕으로 각자의 상황에서
가장 필요한 것은 무엇인지 하나씩 차근차근 준비해 나가도록 하자.
천리 길도 한걸음부터!

미국 엔지니어 취업을 위한 전략적 커리어 관리 방법

미국 엔지니어를 꿈꾸는 당신, 언제를 목표로 하는지는 각자의 상
황에 따라 다르겠지만 향후 미국 엔지니어 취업을 준비한다면 지금
부터 전략적으로 커리어를 관리할 필요가 있다. 학교를 갓 졸업한 신
입의 경우가 아니라면, 자신의 전공분야에서 키워드 몇 개로 압축할
수 있는 나만의 확실한 전문기술력을 키워야 한다.

거듭 말하지만 미국 엔지니어는 전문직이다. 자신만의 확실한 전
문기술 영역 없이는 전문가라고 할 수 없다. 현재 한국에서 직장생활
을 하고 있다면 본인의 기술력을 최대한 발휘할 수 있는 프로젝트에
참여하는 것이 좋다. 미국에서 볼 때, 한국에서의 직장경력은 '해외

프로젝트 경험'으로 인정받을 수 있다. 참여했던 프로젝트들을 기간별, 분야별로 미리미리 잘 정리해 두자. 영어로 정리해 두면 나중에 레주메(영문이력서)를 작성할 때 많은 도움이 된다.

그동안 수행했던 프로젝트별로 참여기간, 구체적인 내용, 본인의 역할과 주 업무 등을 정리하다 보면 자신의 전문기술 영역을 몇 가지로 압축할 수 있게 된다. 그 중에서도 특히 자신 있는 분야 위주로 커리어를 관리해 나가는 전략이 필요하다. 향후 미국 엔지니어 지원 시 자신의 전문기술력과 관련된 포지션에 지원해야 조금이라도 성공확률을 높일 수 있기 때문이다.

언제부턴가 '퍼스널 브랜드Personal brand'라는 개념이 유행하기 시작했다. 상품마다 브랜드가 있듯이, 자신만의 차별화된 기술력으로 구축된 퍼스널 브랜드를 가져야 하는 세상이다. 하루가 다르게 치열해지는 경쟁사회 속에서 남들과 똑같아서는 살아남기가 힘든 세상이 되어가고 있다. 엔지니어 세계에도 뭔가 차별화된 전략이 필요하다. 가장 좋은 방법은 본인이 가지고 있는 장점과 노하우를 바탕으로 퍼스널 브랜드를 구축해 나가는 것이다.

퍼스널 브랜드는 단기간에 쉽게 만들 수 있는 것이 아니다. 철저한 자기분석을 통해 자신만의 브랜드 전략을 세우고, 장기적으로 꾸준히 노력해야 한다. 나이에 따른 은퇴가 존재하지 않는 미국에서는 본인이 원하는 만큼 일할 수 있다. 미국 엔지니어의 가장 큰 매력이다. 바야흐로 100세 시대 아닌가. 평생 엔지니어의 길을 걷고 싶다면 쫌 더 멀리 내다보고 가야 한다. 무한경쟁 시대에서 퍼스널 브랜드는 향후 본인의 핵심 가치를 꾸준히 높여주는 자신만의 경쟁력이 될 것이다.

커리어 관리와 관련하여 또 한 가지 전략적으로 신경 써야 할 부분은 '나만의 스토리'를 만드는 것이다. 〈3장, 실전편〉에서 자세히 다루게 되겠지만, 인터뷰는 잡 시장에서 본인을 마케팅하는 과정이다. 왜 나를 고용해야 하는지 면접관들을 설득하는 과정이 인터뷰인 것이다. 그래서 인터뷰 때 십중팔구 나오는 단골질문 중의 하나가 "Why should we hire you?"이다. 이때가 바로 '나만의 스토리'를 통해 퍼스널 브랜드를 홍보할 수 있는 절호의 찬스인 것이다. 누구나 가지고 있을 법한 뻔한 스토리, 특히 "열심히 최선을 다하겠다."는 식의 진부한 이야기는 아무런 감동을 주지 못한다. 비슷비슷한 실력을 가진 후보자들 사이에서 군계일학群鷄一鶴으로 떠오르는 길은, '스토리텔링'을 통해 감성을 자극하는 방법이 가장 확실하다. 채용담당자 역시 사람이고, 사람들은 누군가의 생생한 경험담을 들을 때 마음으로 공감한다.

스토리는 사람의 마음을 움직인다. 진실 되고 진정성 있는 자신만의 스토리, 나만의 특별한 인생 스토리만이 면접관들의 가슴을 자극힐 수 있다.

당신은 다른 사람과 차별화된 자신만의 스토리가 있는가? 여기 독특한 스토리를 가진 어느 후배 이야기를 해보고자 한다. 그 친구는 자신만의 특별한 스토리를 통해 전공분야인 미국의 대표 회계법인에서 인정받고, 현재도 끊임없는 도전을 계속해 나가고 있다. 몇 해 전 한국에도 소개된 이야기로, 대학시절 70일간 자전거로 미국 대륙 횡단 7000km에 도전해 성공한 스토리다. 〈4K For Cancer〉 라는 자선단체(암의 경각심을 깨우치기 위해 4000마일을 자전거로 달리는 행사)를 통해 친구들과 동부 볼티모어에서 서부 샌프란시스코까지 미국 대륙을 자전거로 횡단했다. 웹사이트를 통해 행사의 취지를 알리며 암 환자들을 위한 성금도 모금하고, 자전거로 미국을 가로지르며 도중에 만나는 암 환자들을 응원하는 목적이었다. 단순히 장거리 자전거를 타는 것이 아니라, 암 환자들에게 조금이라도 도움을 주고자 하는 젊은이들의 선한 취지가 보는 이들에게 적지 않은 감동을 준 것이다.(http:// interview365.mk.co.kr/news/63536)

그 친구의 자전거 미 대륙 횡단 스토리는 퍼스널 브랜드가 되었고, 대학 재학 중 인턴십은 물론, 졸업을 하고 취업 시에도 채용담당자들의 마음을 확 사로잡았다고 한다. 이 정도 수준의 프로젝트를 성공적으로 수행한 젊은이라면 앞으로 무슨 일이든 잘 헤쳐 나갈 수 있을 거라 믿지 않겠는가?

나만의 스토리가 반드시 '성공스토리'여야만 하는 것은 아니다. 『스토리가 스펙을 이긴다』의 저자 김정태 대표는 '실패가 최고의 스토리'라고 말했다. 그는 "사람의 마음을 움직이는 것은 실패 없는 성공, 즉 스펙이 아니라, 실패에도 불구한 성공, 즉 우리의 스토리이다."라고 역설한다.

성공사례든 실패사례든 상관없다. 중요한 건 진솔한 경험을 바탕으로 한 자신만의 이야기를 통해 진심을 전달하는 것이다. 지금부터라도 나만의 스토리 하나쯤은 만들어 보는 게 어떨까?

스펙보다는 열정과 실력을 더 인정해 주는 나라, 미국

오직 실력으로만 승부하는 미국, 한국식 스펙은 먹히지 않는다

언젠가부터 한국 사회에 스펙이라는 말이 유행처럼 통용되더니, 어느덧 대한민국은 그야말로 '스펙 공화국'이 되어버렸다. '스펙 Spec'이란 어떤 물건의 사양이나 규격, 제품설명서 등을 뜻하는 영어 'Specification'의 약자로, 학력이나 경력, 자격 등을 포함한 누군가의 백그라운드를 통칭하는 말이다. 한마디로 어떤 사람의 스펙이라 함은 그 사람의 '설명서'다. 스펙은 한 사람을 한 개의 제품으로 취급해버리는 표현인 것이다.

스펙을 강요하는 사회 분위기 탓에 우리나라에선 많은 이들이 스펙에 목을 매고 힘들게 살아간다. 진학 및 취업은 기본이고, 향후 승진이나 결혼 등 인생의 중요한 순간마다 세상은 끊없이 스펙을 요구한다. 학생들은 아예 초등학교 때부터 스펙 쌓기에 매달린다. 방과 후 집이 아닌 각종 학원들로 직행하는 삶은 대학에 갈 때까지 이어진다. 대학에 진학해서도 각종 자격증과 영어, 중국어 등 어학점수를 확보하기 위해 학원수강은 여전히 필수다. 대학 졸업과 동시에 이른바 '취준생'의 삶이 시작된다. 취업에 필요한 스펙 없이는 '이태백(이십 대 태반이 백수)'의 삶을 살아야 하는 게 한국의 현실이다.

어디 그뿐인가. 어렵사리 취업에 성공해도 스펙 쌓기와의 전쟁은 끝나지 않는다. 직장 내 경쟁에서 뒤쳐지지 않으려면 여전히 자신과의 힘든 싸움을 하며 스펙 관리에 집중해야 한다. 결혼도 마찬가지다. 아무런 스펙 없이는 결혼은커녕, 그저 '루저Loser' 소리를 듣기에 딱 좋다. 결혼마저 인륜지대사人倫之大事가 아닌 '스펙지대사'가 되어버린 느낌이다.

그렇다면 미국은 어떨까? 미국은 오직 열정과 실력으로만 승부한다. 아무리 스펙이 좋아도 실력이 없으면 꽝이다. 실력을 검증하지 않은 채 스펙만 화려하다고 해서 채용하는 일은 없다. 미국에서 한국식 스펙 따위는 먹히지 않는다.

물론 미국에도 우리나라 SKY 대학처럼 소위 말하는 명문대학이 존재한다. 흔히들 말하는 아이비리그(동부에 위치한 8개 사립대 : 하버드, 예일, 프린스턴, 콜롬비아, 펜실베니아, 코넬, 브라운, 다트머스 대학)나, 그와 어깨를 나란히 하는 MIT, 스탠퍼드, 칼텍, 시카고 대학 등 곳곳에 위치한 유수의 대학들이 역사와 전통을 자랑한다. 하지만 기본적으로 어느 대학 출신인지, 대학 랭킹이 어떻게 되는지 등 우리처럼 출신 대학으로 실력을 서열화하는 분위기가 아니다.

50개 주로 이루어진 미국은 상상 이상으로 큰 나라다. 미국에서 살아가는 햇수가 늘어날수록 그 광활함이 더욱 확연히 느껴진다. 같은 미국 땅이지만 동부와 서부는 3시간의 시차가 있다. 가령 플로리다주 마이애미에서 워싱턴주 시애틀로 오려면 비행기 직항으로도 6시간이 넘게 걸린다. 이토록 미국은 땅덩어리가 넓고 각 주마다 주립대학들이 있으므로, 어느 지역에서든 그 주의 주립대학만 나와도 일단 그 지역에서는 인정해 준다. 굳이 명문대 출신이 아니어도 취업해서 먹고 사는 데 아무런 지장이 없다. 우리처럼 단순하게 'In 서울 or 지방대'로 양분해서 사람을 평가하지 않는다.

당신이 지방대, 전문대 출신이고
열정과 실력이 있다면 오히려 미국이 기회의 땅

한국 사회의 또 다른 이슈는 언제부턴가 떠오른 '수저계급론'이다. 부모의 능력, 즉 어느 집안 출신인가에 따라 금수저, 은수저 등으로 계급을 나누기 시작했다. 신라시대 신분제인 골품제도처럼 성골, 진골 출신을 따지는, 이른바 '신 계급사회'가 되어버린 것이다.

수저계급 가운데 최악은 대다수 서민들에 해당하는 '흙수저'들이다. 이른바 가진 것 없고 내세울 것 없는 흙수저 인생들, 특히 지방에서 올라와 아직 자리를 잡지 못한 취준생들의 삶은 그야말로 처참하다. 하루하루를 아르바이트로 연명하며 한 평짜리 비좁은 고시원에서 살아가지만, 킴킴한 티널의 끝이 어디쯤인지 희망의 불빛은 보이질 않는다. 가끔씩 매스컴에서 접하는 금수저들의 삶은 모든 걸 포기하고 싶게 만들 뿐이다. 언제부턴가 '삼포세대'를 넘어 'N포세대'로 대변되는 이 시대 청년들, 냉소와 분노로 가득 찬 흙수저들의 불만과 좌절은 하루하루 커져만 간다.

반면 금수저들의 삶은 어떤가. 능력 있는 부모 만나 일단 먹고사는 데 아무런 걱정이 없을 뿐더러, 특별히 노력하지 않아도 경쟁에서 도태되지 않는다. 소위 말하는 '빽' 하나로 별다른 노력 없이도 언제나 흙수저들보다 훨씬 좋은 자리를 차지한다. 이런 사회적 분위기는 갈등과 대립을 고조시키며 극심한 양극화로 이어지고 있다. '개천에서 용 난다.'는 말은 그저 옛말이 되어버렸다.

불평등한 사회 분위기 속에서, 흙수저들은 아무리 죽어라 노력해도 절대 금수저를 따라가지 못한다. 100미터 달리기를 하는데 출발선 자체가 다르다. 금수저는 50미터 앞에서, 흙수저는 50미터 뒤에서 출발하는 것과 마찬가지다. 사회가 불공정한 것이다. 2017년 문재인 정부가 출범하면서 한국 사회에 새롭게 떠오른 키워드는 단연코 '적폐 청산'이다. 최순실 국정논단 사태로 극에 달했던 특권과 반칙 등 각종 부패를 개혁하고, 공정한 대한민국 건설을 첫 번째 국정과제로 삼은 것이다. 다행히 사회 곳곳에서 조금씩이나마 변화의 물결이 보인다. 하지만 하루가 멀다 하고 터져 나오는 각종 비리와 끝없는 '갑질' 논란을 바라볼 때, 여전히 갈 길이 멀고도 험함을 느낀다.

극심한 경쟁사회 대한민국, 평생토록 요구하는 스펙은 끝이 없다. 모두들 자기계발에 힘쓰느라 밤잠을 줄여가며 노력한다. 전 세계적으로 이런 민족이 또 있을까 싶을 정도로 열심히들 살아간다. 하지만 현실은 너무도 냉담하다. 아무리 노력해도 흙수저 출신들은 하루하루 살아가기가 힘겹다. 저성장에 따른 취업난과 더욱 극심해지는 양극화는 삶의 희망마저 빼앗아가 버리고 있다. 말 그대로 '헬조선'인 것이다. 더욱 비참한 것은 금수저와 흙수저로 상징되는 부와 가난이 대물림되는 것이다. 나는 아무리 힘들게 살았어도 자식들만큼은 편하게 살았으면 하는 게 다 같은 부모 마음이다. 당장 나는 힘들고 고생스럽더라도 내 자식들만큼은 고생시키고 싶지 않아서, 하루하루 이를 악물고 버티는 것이다. 하지만 금수저와 흙수저, 갑과 을로 대변되는 작금의 현실을 바라보고 있노라면 이 고달픈 상황에서 언제쯤 벗어날 수 있을지 끝이 보이질 않는다.

고국을 떠나면 누구나 애국자가 된다는 말이 있다. 나 또한 한국에서 살아갈 때는 참으로 시야가 좁았다. 그저 하루하루 먹고사는 데 정신없어, 주위를 바라볼 여유조차 못 느끼며 앞만 보고 달려온 시절이었다. 고국을 떠나 외국에서 이방인으로 살아가다보니, 매일매일 접하는 한국 소식에 관심이 두 배로 많아졌다. 장기화된 불경기 속에서 날이 갈수록 힘들어만 가는 직장인들의 팍팍한 삶을 접할 때면 안타까움을 금치 못한다.

한번뿐인 인생, 언제까지 한숨만 쉬며 힘들게 살아갈 것인가? 이 고달픈 삶을 우리 자식들에게까지 물려줄 순 없지 않은가? 이제는 정말 바꿔야 한다. 무언가 인생의 돌파구를 찾아야 할 때다.

당신이 금수저라면 굳이 이 책을 읽을 필요가 없다. 한국에서 먹히는 스펙을 가지고 있다면 한국에서 멋지게 승부하면 된다. 하지만 지방대나 전문대 비주류 출신이라면 진심으로 환영한다. 미국에서 한국식 스펙은 통하지 않는다. 당신 가슴에 뜨거운 열정이 살아 있고 '장이'로서의 기술력이 있다면, 오히려 미국이 틈새시장이다. 미국 엔지니어에게 중요한 건 한국식 스펙이 아니다. 자기분야에서 인정받을 수 있는 기술력이다. 기술력을 인정받으면 이른바 린치핀Linchpin, 즉 조직에 꼭 필요한 핵심인재가 되는 것이다.

기회의 땅 미국에서 엔지니어로 활동하는 한국인들 중에는 소위 '비주류' 출신들이 생각보다 많다. 그들은 한국식 스펙이 아닌, 오직 열정과 실력으로 미국 곳곳에서 인정받으며 엔지니어로서 활약하고 있다.

전 세계 어디서나 한국인은 근면하고 성실하기로 유명하다. 우리가 어떤 민족인가? 일제강점기와 전쟁의 폐허 속에서 '한강의 기적'을 이루어 낸 민족이 아닌가. 세계 최하위 빈곤국으로 가난에 허덕이며 국제 원조를 지원받던 대한민국, 보릿고개를 넘기며 하루하루 끼니를 걱정하던 민족이, 어느덧 세계경제의 강국으로 우뚝 서게 되었다. '원조 받던 나라'에서 '원조하는 나라'로 탈바꿈한 것이다. 우리처럼 해외 원조를 받다가 주는 나라는 아직까지 대한민국이 유일무이하다.

이렇게 기적적인 힘의 원천은 무엇이었을까? 나는 무엇보다 우리민족 특유의 정신력, 즉 '헝그리 정신'에 기인한다고 믿는다. 우리 부모님 세대에는 특히나 헝그리 정신이 강했다. 너 나 할 것 없이 그야말로 배고픈 시절이었다. 헝그리 정신과 더불어 다 같이 잘 살아보자고 하는 전 국민의 열망, 민족 특유의 근면 성실함을 바탕으로 한 피나는 노력들이 있었기에 가능했던 일이다.

우리 한국인에게는 우리 민족만의 독특한 DNA가 있다. 헝그리 정신으로 위기를 극복하는 힘이다. 우린 정말 대단한 민족이다. 한국인의 이런 열정과 성실함은 어디서도 인정받는다. 오늘도 수많은 한국인이 전 세계 방방곡곡에서 당당하게 활약하며 대한민국을 대표하고 있다. 이들 중엔 비주류 흙수저 출신들이 생각보다 많다.

그들에겐 무엇보다 헝그리 정신이 살아 있다. 스펙이 아닌 열정과 실력, 한국인 특유의 근면 성실함, 미국에선 반드시 통한다. 당신은 지방대나 전문대 비주류 출신이고 헝그리 정신이 살아 있는가? 한국식 스펙은 안 되더라도 뜨거운 열정과 실력을 보여줄 자신이 있는가? 그렇다면 미국이야말로 기회의 땅이다. 뜨거운 열정으로 미국 엔지니어에 도전해보자!

3. 미국 엔지니어 취업, 입사지원 및 채용절차

공고(상시채용) → 입사지원(이력서 제출) → 서류전형(1차 스크린) → 이메일·전화 통보 → 전화 및 화상 인터뷰 → 1차 인터뷰 합격 → 2차 현지인터뷰(면접비용 제공) → 최종합격(Job offer)

실제 미국 엔지니어가 되려면 어떻게 지원하고 어떤 과정을 거쳐서 합격이 되는 것일까? 여기서는 미국 엔지니어 취업을 위한 입사지원 및 채용절차에 대해 전반적으로 살펴보겠다.

일단 미국에서 엔지니어를 뽑는 방법은 한국과 달리 정기적인 공채의 개념이 없다. 미국의 회사들은 대기업, 중소기업을 막론하고 필요할 때마다 수시로 엔지니어를 채용한다. 즉 공채가 아닌 상시채용이다. 다시 말해 일 년 내내 취업 기회가 있는 것이나 마찬가지이므로, 취업을 준비한다면 항상 구인광고를 모니터링 해야 한다.

미국은 워낙 광활한 나라이므로 50개 주 전체의 채용정보를 조사한다는 것은 현실적으로 불가능에 가깝다. 관심 있는 지역을 몇 군데로 압축해서 집중적으로 조사하는 것이 보다 효율적이다.

미국 엔지니어 채용공고는 인터넷으로 언제든 검색이 가능하고, 〈3장, 실전편〉에서 소개될 취업 전문 핵심 웹사이트 몇 개만 활용하면 충분하다. 전공분야의 핵심 키워드 위주로 검색하다 보면 본인 경력에 부합되는 채용정보를 발견하게 될 것이다. 관심 있는 회사 및 포지션의 채용공고가 포착되면 온라인으로 입사지원(Apply)을 할 수 있다. 입사지원 시 제출하는 서류 중 무엇보다 중요한 것은 영문이력서(Resume)이다. 효과적인 레주메 작성방법 또한 〈3장, 실전편〉에서 상세히 다루게 될 것이다.

회사에서는 제출된 입사지원서류를 가지고 가장 먼저 1차 스크린, 즉 서류전형을 실시한다. 접수된 레주메를 검토하여 면접(Interview)을 하게 될 후보들을 선정하는 작업이다. 서류전형에 통과되면 이메일이나 전화로 인터뷰 스케줄을 잡기 위한 연락이 온다. 인터뷰는 보통 1차 온라인(전화 또는 화상) 인터뷰와 2차 현지(Onsite) 인터뷰로 진행된다.

온사이트 인터뷰의 경우엔 직접 회사를 방문하는 것이므로, 많은 경우 여행에 필요한 비용(숙식 및 교통비)을 제공해 준다. 일반적으로 온사이트 인터뷰 단계까지 가게 되면 많은 경우 합격한다. 온사이트 인터뷰에서 특별한 하자가 없으면 최종적으로 합격통보를 받게 되고, 연봉과 복리후생 등에 대해 서로 이야기를 하게 된다.

이 단계에서는 일종의 협상전략이 필요한데, 이 부분은 〈4장, 완성편〉에서 자세히 다루도록 하겠다. 회사와 합의 후 연봉과 근무시 작일이 결정되면 공식적인 합격통보문서(Job offer letter)를 받게 되고, 오퍼레터에 서명함으로써 채용이 확정되는 것이다.

지금껏 살펴본 채용절차는 미국에서 취업을 할 때 가장 일반적이고 전형적인 방법이다. 이처럼 미국 엔지니어 채용절차는 생각보다 복잡하지 않다. 일반 기업체는 물론 정부기관 공무원의 경우에도 같은 방법으로 엔지니어를 채용한다. 미국은 우리나라처럼 특별히 공시(공무원시험)가 없으므로, 공무원도 일반 회사들처럼 인터뷰 절차만으로 당락을 결정한다. 연방정부와 주정부는 물론, 시청이나 카운티 등 지방정부도 모두 마찬가지다. 공무원을 아무런 시험 없이 면접만으로 뽑는다니, 쉽게 믿기지 않는가? 우리나라에서는 상식처럼 당연시되는 많은 일들 중에는 조금만 밖으로 벗어나 보면 전혀 상식이 아닌 것들이 많다.

지역 및 포지션에 따른 차이는 다소 있으나, 미국은 기본적으로 취업 경쟁률 자체가 우리처럼 치열하지 않다. 어찌 보면 우리나라에서 취업하는 것보다 미국에서 취업하는 것이 더 쉬울 수도 있다. 물론 앞에서 언급한 학력 및 자격조건을 갖추었을 때 가능한 이야기이긴 하다. 당장 공무원의 경우만 보더라도 최소한 우리처럼 몇 년씩 매달려 고시공부를 하듯 준비할 필요는 없지 않은가. 다만 한 가지 걸리는 건 '영어'라는 장벽이다. 말 그대로 '미국 엔지니어'이므로 영어는 어쩔 수 없는 숙명이나.

그렇다면 미국 엔지니어가 되기 위해 필요한 영어 실력은 과연 어느 정도 수준일까? 도대체 영어를 얼마나 잘해야 미국에서 엔지니어로 먹고살 수가 있는 것일까? 다음은 미국 엔지니어 취업을 위한 '영어'에 대해 알아보도록 하자.

4. 미국 엔지니어의 꿈,
영어 하나 때문에 포기할 것인가?

말이 아닌 숫자로 먹고사는 직업, 미국 엔지니어

엔지니어는 주로 숫자로 일을 하기 때문에
영어는 생각보다 중요하지 않다

대부분의 한국 사람들은 영어에 한이 많다. 초등학교 때부터 배우기 시작한 영어가 (요즘은 유치원, 아니 그 이전부터 시작하는 추세이지만) 평생을 따라다니며 발목을 잡는다. 중고등학교 시절부터 언제나 가장 중요한 과목은 다름 아닌 영어, 수학이었다. 한국에서 고등학교를 다녔던 사람이라면 누구나 『수학의 정석』과 함께 바이블처럼 들고 다니던 책이 『성문종합영어』였다. 어디 그뿐인가. 고생 끝에 대학에 진학해서도 전공을 불문하고 하나같이 토익, 토플 등 영어공부에 매진한다. 수많은 대학생들이 준비하는 공시나 대기업 취업을 위해선, 그 무엇보다도 영어 성적이 필수다.

어렵사리 취업에 성공해도 영어에 대한 스트레스에서 쉽게 벗어날 수 없다. 대다수 대기업들은 부서에 상관없이 영어점수를 승진이나 고가에 반영한다. 회사를 다니면서도 일정 수준 이상의 점수를 유지해야만 살아남을 수 있다. 나이가 들어서도 영어를 손에서 놓을 수 없는 이유다. 영어가 업무에 반드시 필요한 무역회사나 외국계 기업은 그렇다손 치더라도, 딱히 영어를 쓸 일이 없는 직장인들에게도 영어가 필수조건으로 자리 잡은 지 오래다.

언제부턴가 한국에서 토익점수는 직장인들의 능력을 변별하는 하나의 스탠다드가 되어버렸다. 하지만 정작 영어를 사용하는 미국 사람들은 한국에서 그렇게 유명한 '토익'이 뭔지도 모른다. 그야말로 '웃픈' 현실이다.

대한민국 직장인들은 오늘도 영어 스트레스 속에서 하루하루를 버티며 살아간다. 잦은 야근이나 회식 등으로 정시 퇴근보다는 밤늦게 퇴근할 때가 훨씬 많지만, 많은 이들이 출근 전 꼭두새벽부터 영어학원으로 향한다. 발 디딜 틈조차 없는 출퇴근 지옥철 안에서도 영어 단어를 외우고, 리스닝 공부를 위해 귀에 이어폰을 꽂고 있는 풍경은 흔하다. 어디 영어뿐인가? 영어는 어느덧 기본스펙이 되어 버렸고, 한술 더 떠서 제2외국어인 일본어, 중국어까지 할 줄 알아야 살아남는 세상이다.

현실이 이렇다 보니 한국 사회에서 '샐러던트(샐러리맨+스튜던트)'라는 말은 더 이상 새롭지 않다. 치열한 경쟁사회에서 도태되지 않기 위해 끊임없이 공부하며 자기계발에 힘써야 하는 게 직장인의 삶이다.

나도 한국에서 직장을 다닐 때는 이런 모든 상황이 그저 당연한 것이라 생각했다. 드넓은 바깥세상을 한 번도 구경해보지 못한, 그야말로 우물 안 개구리였다. 미국으로 나와 더 큰 세상을 경험하며 차츰 깨닫게 되었다. 세상에 우리 한국 사람들처럼 열심히 살아가는 민족도 찾기 힘들다는 것을.

미국 엔지니어 취업을 준비하는 여러분 중에는 지금 이 순간에도 영어 때문에 망설이는 사람들이 많다는 것을 안다. 미국 엔지니어의 꿈, 고작 영어 하나 때문에 이대로 포기할 것인가? 평생을 발목 잡아온 영어, 그놈의 영어 때문에 또다시 꿈을 접을 순 없지 않은가! 미국 엔지니어라는 새로운 삶을 통해 인생의 전환점을 찾고자 한다면 절대로 포기하지 말자. 특히나 다름 아닌 영어 때문에 망설여진다면 말이다.

한번 냉철하게 생각해보자. 엔지니어는 '말이 아닌 숫자로 먹고사는 직업'이다. 변호사처럼 말로 먹고사는 직업이 아니다. 뛰어난 언변보다는, 정확한 수치를 이용한 해석과 분석력이 요구되는 직업이다.

미국 엔지니어도 마찬가지다. 말보다는 주로 숫자로 일을 하기 때문에, 영어는 생각보다 중요하지 않다. 각 전공분야별로 필요한 각종 설계나 해석 등을 수행함에 있어서, 여러 가지 실험이나 컴퓨터 프로그램 등을 이용하여 논리적으로 보여주는 게 엔지니어의 주된 업무이다. 이런 측면에서 볼 때, 미국 엔지니어는 타 분야 직종에 비해 상대적으로 영어를 잘 하지 못해도 진출 가능성이 높다. 일단 전공영어만 잘 해도 반은 먹고 들어간다.

직장에서 주로 사용하는 영어는 전공분야와 관련된 실무영어가 많은 부분을 차지한다. 영어발음이나 표현이 어느 정도 서툴러도, 전공과 관련된 전문용어만 정확하게 사용할 수 있다면 업무에서 큰 지장이 없다. 특히 엔지니어링 분야에는 우리와 같은 외국인이 워낙 많기 때문에 영어가 완벽하지 않아도 크게 문제를 제기하지 않는다. 영어를 못하는 우리로서는 참으로 다행스러운 사실 아닌가!

영어, 발음에 목숨 걸지 말자 :
원어민들은 발음에 크게 신경 쓰지 않는다

영어와 관련해 한국인이 특히 신경 쓰는 부분은 다름 아닌 발음이다. 영어발음에 대해서 한번 생각해보자. 영어발음과 영어실력이 반드시 비례하는 것은 아니다. 엄밀히 말하자면 영어실력과 영어발음은 별개의 요소이다. 영어를 오랜 시간 꾸준히 듣고 열심히 연습하면 할수록 실력이 향상되는 건 맞지만, 발음을 원어민처럼 유창하게 하는 데는 사실 한계가 있다.

어릴 때부터 몸으로 흡수하며 배운 영어가 아니라면 (흔히들 말하는 혀가 굳어진 이후에 배운 영어는) 원어민처럼 발음하는 게 거의 불가능하다. 그래서 한 살이라도 더 어릴 때부터 영어를 가르치려고 노력하는 것이다. 한국의 많은 부모들이 영어 조기교육을 위해 어린 자녀들을 데리고 이민을 가거나 기러기 가족으로 고생하며 살아가는 이유다.

영어를 배우는 데 있어서 리스닝, 스피킹, 리딩, 라이팅 4가지 영역 모두 노력하면 노력한 만큼 실력이 향상된다. 장기간 꾸준히 하다보면 언젠가는 원어민들이 하는 말을 다 알아듣고 내가 하고 싶은 말도 영어로 거침없이 대화할 수 있다. 하지만 발음만큼은 아무리 노력을 해도 원어민과 똑같은 소리를 내기가 힘들다. 한국어를 아주 유창하게 하는 외국인들도 발음을 딱 들어보면 외국인 티가 나는 것과 같은 이치이다.

흥미로운 사실은, 막상 원어민들과 이야기해보면 영어발음 자체에 대해서는 크게 개의치 않는다는 것이다. 발음이 다소 어색하더라도 상대방의 말을 알아들을 수만 있으면 발음은 그다지 중요치 않다고 생각한다. 영어는 서로 간에 의사소통을 위한 수단이므로, 정확한 발음보다는 대화능력과 상황에 적합한 의사전달 능력을 더 중요시한다.

영어발음은 정작 원어민들보다 우리나라 사람들이 훨씬 더 많이 신경 쓴다. 일단 발음이 유창하지 않으면 영어를 잘 하지 못하는 것으로 단정해 버린다.

하지만 원어민들의 반응은 다르다. 발음이 다소 어색해도 일단 전달하고자 하는 내용이 분명하고 정확한 표현능력만 있으면 영어를 잘하는 것으로 생각한다.

영어 발음과 관련하여 예전에 〈EBS 다큐프라임〉에서 흥미로운 실험을 한 적이 있다.(2011년 10월 24일 방송, 언어발달의 수수께끼 편) 몇 명의 원어민들과 한국 사람들을 모아놓고 어느 60대 남성의 영어 연설을 음성으로만 들려주었다. 영어로 말하는 사람이 누군지 전혀 모르는 상황에서 발음만 듣고 영어 실력을 평가하도록 한 것이다. 한국인들은 하나같이 그 남성의 발음이 촌스럽고 딱딱 끊어진다며 영어를 잘 못하는 것으로 일축했다. 점수를 준다면 40점에서 50점 정도라며, 자녀들은 이보다 영어를 더 잘하길 바란다고 혹평했다.

하지만 정작 원어민들의 반응은 달랐다. 그들은 모두 그 남성이 아주 높은 수준의 단어를 사용했고, 문장구조도 좋았으며, 특히 정확한 의사전달을 했다고 높이 평가했다. 원어민이 준 점수는 90점대 후반이었다. 베일에 싸인 그 남성의 영어실력에 대한 평가가 극명하게 나뉜 것이다.

실험이 끝나고 그 남성의 모습을 영상으로 확인한 한국인 참가자들은 하나같이 당혹감을 감추지 못했다. 발음이 좋지 않아 영어를 잘 못하는 것으로 판단했던 영어연설의 주인공은, 다름 아닌 반기문 유엔사무총장이었다. 들려주었던 연설은 21세기 명연설 중 하나로 꼽히는 〈유엔사무총장 수락연설〉이었다. 영어발음에 대한 원어민과 한국인의 인식 차이를 자명하게 보여주는 실험이다.

이 실험에서도 보여주듯, 우리나라 사람들은 유독 영어발음에 많은 신경을 쓴다. 하지만 원어민들은 발음에 그다지 신경 쓰지 않는다. 영어, 결코 발음에 목숨 걸지 말자. 영어실력과 발음은 별개의 문제이다.

영어 좀 못한다고 절대 기죽지 말자 :

두 가지 언어를 구사하는 것 자체를 당당하게 여겨라

한국인에게 유창한 영어발음은 왜 이렇게도 구사하기 힘든 것일까? 영어발음과 한국어발음은 일단 호흡방식부터 다르다. 영어는 기본적으로 복식호흡을 사용한다. 이에 비해 우리말은 복식호흡이 필요 없는 흉식호흡 언어이다.

비유하자면 영어발성법은 성악과 오페라에 가깝고, 우리말은 창과 판소리에 가깝다고 할 수 있다. 소리를 내는 기본 메커니즘 자체가 다른 것이다. 또한 영어에는 우리말에 없는 영어 특유의 발음들이 많이 있다. 좀 더 엄밀하게 말하자면 우리말 자음과 모음의 조합으로는 영어와 똑같이 소리 나는 발음을 표기할 방법이 없다. 최대한 비슷한 발음으로 표기하여 그저 흉내만 낼 뿐이다.

하지만 미국 사람과 똑같이 발음하지 못한다고 해서 전혀 주눅 들거나 기죽을 필요는 없다. 한번 생각해보자. 우리에게 영어는 모국어(Mother tongue)도 아니요, 국가에서 통용되는 제2언어도 아니다. 그저 하나의 외국어일 뿐이다.

원어민이 아닌 우리가 남의 나라말인 영어를 구사하는 데 있어 발음이 어색한 건 어찌 보면 너무나 당연한 것이다. 대신 우리는 한국어라는 모국어를 완벽하게 하는 동시에, 영어라고 하는 외국어까지 (비록 완벽하진 않더라도) 최소한 2개 국어를 구사하는 것 아닌가? 영어만 할 줄 아는 미국인에 비하면 우리는 뇌를 두 배로 사용하는 셈이다.

미국인들 가운데 영어 이외에 다른 외국어를 구사하는 비율은 높지 않다. 운 좋게도 모국어인 영어가 세계 공용어가 되다 보니 굳이 다른 언어를 배워야 할 필요성이 없기 때문이다. 미국도 우리처럼 고등학교 때 스페인어나 불어 등 관심 있는 외국어 과목을 선택해서 들을 수 있다. 하지만 학교에서 잠깐 맛보는 수준이다. 우리가 평생 스트레스 받아가며 영어를 공부하는 것처럼 외국어를 배우고 익히는 원어민은 많지 않다. 그러니 영어가 좀 안 된다고 해서, 발음이 좀 어색하다고 해서, 절대 기죽지 말자. 오히려 두 가지 언어를 구사할 줄 아는 것 자체를 당당하게 여겨야 한다.

영어를 구사함에 있어 발음보다 중요한 것은 정확한 강세와 억양(Stress & Accent)이다. 영어는 기본적으로 중국어의 성조처럼 'Intonation(억양, 음조)'이 들어 있는 언어다. 영어 특유의 음조에 맞춰 올려줄 때 올려주고 내려줄 때 내려주면서 억양의 흐름을 타줘야 원어민들이 쉽게 알아듣는다. 한국 사람들이 영어를 배우기 힘들어하는 여러 가지 원인 중 하나가 바로 이 인토네이션이다.

우리말은 영어와 달리 이런 억양이나 강세가 없다. 우리말은 톤 자체가 그냥 평탄한 어조로 이루어져 있다. 특별한 신경을 쓰지 않으면 당연히 영어도 우리말 하듯 자연스럽게 평이한 어조로 발음하게 된다. 한마디로 'Korean-style English(한국식 영어)'인 것인데, 흔히들 말하는 콩글리쉬와는 다른 개념이다.

코리안 스타일로 영어를 하면 한국 사람들끼리는 서로 잘 알아들는다. 말하는 스타일이 비슷하기 때문이다. 하지만 한국 사람이 아닌 외국인이나 원어민들은 잘 알아듣지 못한다. 중국이나 일본, 인도 등 각 나라별로 외국인들이 하는 영어도 각각의 특징이 다르다. 그들만의 독특한 억양이 녹아 있어, 몇 마디 들어보면 어느 나라 사람이 하는 영어인지 쉽게 짐작이 간다. 일반적으로 한국인은 한국 사람들이 하는 영어가 중국이나 인도사람들이 하는 영어보다 알아듣기에 훨씬 수월하다. 일단 발음이 서로 비슷하고, 독특한 억양이 없는 우리만의 평탄한 어조가 귀에 익숙하기 때문이다.

하지만 원어민들은 다르다. 원어민 입장에서 들을 때는 우리가 하는 영어보다, 중국이나 인도사람들의 영어가 알아듣기 쉽다고 한다. 원어민 친구들에게서 들은 이야기다. 원어민들 귀에는 우리처럼 평이한 톤의 어조보다, 영어처럼 인토네이션이 들어 있는 어조가 익숙하기 때문인 것 같다.

한편 '콩글리쉬Konglish'는 원어민은 사용하지 않지만 한국에서 토착화되어 널리 통용되는 영어식 표현을 말한다. 콩글리쉬는 엄밀히 말해 잘못된 영어표현으로, 대부분 영어권 사회에 아예 없거나 사용되지 않는 표현들이다. 영어식 표현이니까 미국인이 당연히 알아들을 것으로 생각한다면 착각이다. 언어의 목적은 의사소통이다. 상대방과 제대로 된 의사소통을 위해선 상대방이 알아듣는 표현을 사용해야 한다. 콩글리쉬가 아닌 정확한 영어식 표현을 써야 상대방이 알아들을 수 있다. 반면 한국에서는 콩글리쉬를 사용하는 것이 맞다고 생각한다. 콩글리쉬가 잘못된 영어 표현이긴 하지만, 한국에선 이미

토착화 되어버린 공식 표현들이다. 굳이 한국에서 제대로 된 영어 표현을 사용한다며 혼자 영어식으로 표현을 해봐야 의사소통도 제대로 못하고, '밥맛없다.'는 소리를 듣기 십상이다.

일례로 우리나라에서는 이메일에 사용되는 '@(at sign)'을 자연스럽게 '골뱅이'라고 부른다. 아마도 생긴 모양이 골뱅이랑 비슷해서 붙여진 이름일 것이다. 누가 언제 가장 먼저 골뱅이로 명명한 것인지는 알 수 없으나, 일반적으로 그렇게 부르는 것이 사회 통념이다. 이탈리아에서는 @기호를 'Snail(달팽이)'로 부른다고 한다. 재밌는 사실이다. 골뱅이나 달팽이나 서로 비슷하게 생겼으니, 이탈리아 사람들도 우리랑 바라보는 관점이 비슷한 것 같다.

미국 사람들에게 @기호를 골뱅이나 달팽이라고 표현하면 아무도 알아듣지 못한다. 함께 일하는 동료들에게 이런 문화적 차이를 들려주었더니 다들 재밌어 했다. 간혹 한국에서도 @기호를 'at'라고 정확히 호칭하기도 하지만, 한국에선 아무래도 골뱅이라고 부르는 것이 더 익숙하다. 로마에 가면 로마법을 따르라고 하지 않았던가. 언어의 목적은 커뮤니케이션, 즉 의사소통이다. 한국에서는 콩글리쉬, 미국에서는 잉글리쉬를 쓰면 되는 것이다.

다음의 표는 한국에서 가장 흔하게 사용되는 대표적인 콩글리쉬의 예를 정리해 놓은 것이다. 간혹 미국인이 알아듣는 콩글리쉬도 있지만, 대부분의 경우는 알아듣지 못하므로 정확한 영어 표현을 익혀두도록 하자.

흔히 쓰이는 대표적인 콩글리쉬 올바른 영어표현

Konglish	English	Konglish	English
깁스(gibs)	cast	오라이(alright)	move up
노트북(notebook)	laptop	오바이트(overeat)	vomit, barf, throw up
데드볼(dead ball)	hit by pitch ball	오버(무전, over)	roger, copy
러닝머신 (running machine)	treadmill	오토바이(auto bike)	motorbike, scooter
로타리(rotary)	roundabout, intersection	오픈카(open car)	convertible
리모콘(remocon)	remote control, remote	애프터서비스 (after service, AS)	warrantee service
리어카(rearcar)	pushcart	에어컨(aircon)	air-conditioner, AC
린스(rinse)	conditioner	워커(walker)	hiking boots
모닝콜(morning call)	wake-up call	원샷(one shot)	bottoms up
매니큐어(manicure)	nail polish	잠바(jumper)	jacket, coat, windbreaker
매스컴(mass com)	mass media	츄리닝(training)	sweat suit, track suit
본드(bond)	superglue, strong adhesive	컨닝(cunning)	cheating
볼펜(ball pen)	ball-point pen, pen	콘사이스(concise)	small dictionary
비닐백(vinyl bag)	plastic bag	콘센트(consent)	outlet, socket
비닐하우스 (vinyl house)	greenhouse	클락션(klaxon)	horn
백넘버(back number)	uniform number	탤런트(talent)	actor, actress
백미러(back mirror)	side mirror, rear-view mirror	테이크아웃(take out)	to go
사이다(cider)	sprite, 7-Up, soda	파마(perma)	perm, permanent
사이드 브레이크 (side brake)	handbrake, parking brake	파이팅(fighting)	cheer up, come on, you go
샤프(sharp)	mechanical pencil	펑크(punk)	flat tire
스킨(화장품, skin)	toner	프로 (%, pro)	percent
스킨십(skinship)	physical affection, touch-freely	프림(prima)	creamer

Konglish	English	Konglish	English
셀카(self-camera)	selfie	핀셋(pincette)	tweezers
싸인(sign)	signature, autograph	플래시(flash)	flashlight
써클(circle)	club, student group	핸드폰(hand phone)	cellular phone, mobile phone
썬팅(sun coating)	window tinting	핸들(handle)	steering wheel, wheel
아르바이트(albeit)	part-time	CF(commercial film)	commercial, advertisement
아이쇼핑 (eye shopping)	window shopping	NG(no good)	blooper
아파트(apart)	apartment	SNS(social network service)	social media

미국 엔지니어가 되기 위한 실전영어 학습전략

중학영어 수준의 일상회화가 되고 전공영어가 된다면,

미국에서 일하는 데 전혀 문제없다

수십 년간 발목을 잡아온 영어, 미국 엔지니어를 꿈꾼다면 이제는 정말 영어와 친해져야 할 때다. 그깟 영어 하나 때문에 꿈을 포기할 수는 없지 않은가. 평생을 괴롭혀 온 영어, 결론부터 말하자면 어차피 완벽해지는 건 불가능하다. 모국어가 아닌 외국어이기 때문이다. 미국에서 태어나 자랐거나 어린 나이에 이민을 온 경우가 아니라면 어차피 평생을 해도 끝이 없다. 그러니 영어 때문에 계속 스트레스 받지 말고 오히려 마음을 편하게 먹는 게 정신건강에 좋다.

물론 미국에서 살기 위해 영어는 잘하면 잘 할수록 좋다. 하지만 어느 정도 필요한 만큼만 할 줄 알아도 미국에서 엔지니어로 일하며 먹고사는 데는 크게 지장이 없다. 그렇다면 그 '어느 정도'라는 게 과연 어떤 수준을 말하는 것일까? 단언컨대 한국에서 배운 '중학영어' 수준이다. 중학영어 수준이면 미국에서 엔지니어로 먹고사는 데 크게 지장이 없다고? 그렇다. 중학교 교과서 수준의 일상회화가 되고 전공영어가 된다면, 미국에서 엔지니어로 일하며 살아가는 데 전혀 문제될 것이 없다.

흔히들 미국을 'Melting pot(용광로)'라고 표현한다. 여러 가지 물질들이 용광로 속에서 녹아 하나가 되듯, 다양한 인종과 문화가 모여 미국이라는 거대한 나라를 형성하고 있다는 뜻이다. 미국은 기본적으로 이민자들의 나라이다. 우리 한민족처럼 5천 년을 함께 해온 단일민족과는 국민정서나 사회 분위기 자체가 다르다. 비율의 차이는 있지만, 그냥 전 세계 사람들이 다 모여서 사는 곳이라고 해도 무방할 정도다. 그만큼 다양한 배경을 가진 이민자들이 모여 여러 가지 다문화 속에서 살아가는 곳이 바로 '미합중국(United States of America)'이다. 그러다보니 인종차별 등 각종 사회적 갈등이 대두되기도 하지만, 한편으론 그만큼 다양성을 인정하는 게 기본적 사회통념이다.

이런 관점에서 볼 때 영어도 마찬가지다. 백인들과 흑인들이 사용하는 영어는 일단 억양 자체가 다르고, 세대에 따른 Slang(비속어, 은어)도 같지 않다. 우리도 지역마다 방언과 사투리가 있듯, 미국에도 지역에 따른 발음이나 표현의 차이가 존재한다. 특히 전 세계에서 모인 수많은 이민자들이 함께 살아가고 있는 국가이므로 영어가 완벽하지 않은 사람들이 상당히 많다.

기본적으로 사회 분위기 자체가 이렇다보니 많은 미국인들은 'Broken English(엉터리 영어)'에 꽤 관대한 편이다. 문법이 정확치 않거나 표현이 서툴고 발음이 어색하더라도 크게 문제 삼지 않는다. 어려서부터 원어민이 아닌 외국인들을 많이 봐 왔기에 특별히 이상한 눈으로 바라보지도 않는다. 원어민이 아닌 외국인들의 발음이나 문법이 어느 정도 틀려도, 서로 뜻만 통한다면 의사소통에 큰 문제없이 살아간다. 물론 외국인을 대하는 데 있어 동부나 서부, 도시나 시골 등 지역에 따른 분위기의 차이는 다소 존재한다. 하지만 전반적으로 볼 때 영어가 완벽하지 않은 외국인들이 미국에서 살아가기에 특별한 문제는 없다.

그렇다면 미국 엔지니어가 되기 위한 보다 현실적인 영어학습 전략은 무엇일까? 바야흐로 인터넷 시대이다. 인터넷 없이는 단 하루도 생활하기 힘들 정도로 삶의 패턴이 바뀐 것이다. 인터넷엔 모든 정보가 넘쳐난다. 우리나라에선 여전히 '네이버'가 검색용 포털로서 압도적인 위치를 차지하고 있지만, 한국만 벗어나면 전 세계 어디서나 검색엔진은 단연코 '구글'이다. 국내자료 검색용으로는 네이버가 우수할 수 있으나, 전 세계 방방곡곡 숨어 있는 소중한 자료들을 찾기에는 아직까지 구글을 따라올 자가 없다.

구글은 유튜브까지 인수하며 각종 자료검색과 관련, 명실공히 최고의 위치를 굳혀버렸다. 구글과 유튜브만 있으면, 영어공부를 위한 모든 자료를 구할 수 있다. 대부분의 학습자료는 무료로 제공되며, 각 수준별로 주옥같은 강의들이 넘쳐난다. 자료가 너무 많아 무엇으로 공부해야 좋을지 고민될 정도다. 미국에서 엔지니어로 일하며 살아가는 데 있어 필요한 모든 영어는 인터넷 하나면 충분히 해결된다. 참으로 좋은 세상이다.

영어실력, 미국 거주 기간과 비례하지 않는다 : 처음 1년이 영어실력 급상승 골든타임이다

많은 이들이 미국에 오랫동안 살다보면 당연히 영어를 잘하게 될 것으로 생각한다. 미국생활을 5년 한 사람보다는 10년 한 사람이, 10년보다는 20년 미국에 살아온 사람이 아무래도 영어를 더 잘할 것이라는 막연한 생각들을 가지고 있다.

잘못된 생각이다. 영어 실력은 미국에서 살아온 시간과 비례하지 않는다. 사람마다 각자 언어를 습득하는 능력과 시간의 차이가 있겠지만, 똑같은 노력을 투자해서 공부한 경우라면 영어실력은 처음 1년이 급상승하는 골든타임이다.

나의 경우에도 미국으로 유학을 왔던 첫해에 영어가 가장 많이 늘었다. 처음엔 거의 들리지도 않고, 하고 싶은 말을 제대로 하지 못해 아는 단어만 나열하던 귀머거리에 벙어리 신세였다. 미국에 한 번 와본 적도 없고, 한국에서 딱히 영어공부를 열심히 했던 것도 아니었으니 어찌 보면 너무도 당연한 결과였다.

영어를 못해서 겪었던 답답함과 억울함, 각종 우여곡절 등 웃을 수 없는 에피소드는 미국에 사는 한국인이라면 누구나 몇 개씩은 가지고 있을 것이다. 나 역시 처음 몇 달을 그렇게 눈치코치로 때워가며 고생하다보니, 어느 순간 나도 모르게 조금씩 귀가 뚫리기 시작했다. 그리고 1년 정도가 지났을 땐 더 이상 하고 싶은 말을 제대로 못해 억울함을 겪지는 않게 되었다. 그리고 미국에서 15년을 살아왔지만, 처음 1년에 비하면 그 이후론 영어실력이 그다지 많이 늘어난 것 같지는 않다.

시간 흐름에 따른 영어실력을 그래프로 표현하자면 이렇다. 초반 1년 정도 가파른 속도로 상승하고 나서, 어느 정도 후부터는 소폭으로 상승하거나 거의 일정한 수준을 유지하는 것 같다. 초창기 공부한 만큼 열심히 노력을 안해서인지, 어떤 경우엔 오히려 영어실력이 퇴보하는 느낌을 받을 때도 있다. 그만큼 쉽지 않은 게 영어라는 녀석이다.

주변을 둘러봐도 비슷한 경험들을 많이 토로한다. 유학이나 이민 등으로 미국에 건너온 초창기 시실, ESL(English as a Second Language) 코스 등을 통해 영어를 배울 때 실력이 가장 많이 늘었다고들 이야기한다. 그리고 정말 특별한 (어린 나이에 이민을 왔거나, 지속적으로 영어공부를 열심히 한) 경우가 아니라면, 대부분은 초창기 시절에 배운 그 영어실력으로 쭉 살아간다. 그러다보니 미국에서 10년이 아니라 20년, 30년을 넘게 한평생 살아도 지속적인 노력을 하지 않는 한 영어실력은 더 이상 늘지가 않는 것이다.

무엇보다 큰 이유는 지속적인 노력을 하지 않기 때문이다. 일단 어느 정도 영어가 들리고, 하고 싶은 말을 할 줄 알게 되면, 즉 생존 영어가 해결되면 대다수는 별도로 영어공부를 하지 않는다. 특히 한국 교민들이 많은 동네에 살다보면 자연스럽게 영어를 사용할 일이 줄어든다.

한인커뮤니티가 잘 형성되어 있기 때문에 굳이 영어를 사용하지 않아도 큰 불편 없이 생활이 가능하기 때문이다. 이렇게 하루하루 살아가다보면 영어에 노출되는 시간이 점점 줄어들면서 실력이 늘기는커녕 오히려 줄어들기까지 하는 것이다.

미국 엔지니어를 꿈꾸는 독자 여러분은 이 점을 반드시 명심하기 바란다. 영어실력은 미국생활 기간과 결코 비례하지 않는다. 미국에서 오랫동안 살다보면 영어가 저절로 될 것으로 기대한다면 그야말로 큰 오산이다. 미국에서 한평생을 살아도 영어 한마디 제대로 못하는 사람도 의외로 많다. 이미 성인이 되어서 미국에 온 경우라면 더욱 그렇다.

다시 한 번 말하지만, 영어실력은 처음 1년이 골든타임이다. 미국에서 엔지니어로 살아가기 위해 반드시 필요한 영어는 1년이면 충분하다. 1년이면 영어가 편해진다는 뜻이 아니다. 미국 엔지니어로 일하기 위해 반드시 필요한 영어, 즉 '미국 엔지니어를 위한 생존영어'를 익히는 데 필요한 시간이 1년이라는 뜻이다.

말콤 글래드웰의 『아웃라이어』를 읽어 보면 '1만 시간의 법칙'란 말이 나온다. 한 가지 분야에 어느 정도 성과를 이루려면 1만 시간의 학습과 훈련이 필요하다는 주장이다. 즉 어느 분야든 결실을 맺으려면 하루에 3시간씩 10년, 또는 6시간씩 5년이라는 1만 시간을 투자해서 노력해야만 한다는 뜻이다.

영어도 마찬가지다. 외국어인 영어가 우리말처럼 편해지려면 최소 1만 시간, 어쩌면 그 이상의 시간을 투자해서 공부해야 할지도 모른다. 하지만 영어가 그 정도로 편하지 않아도, 일단 여러분이 꿈꾸는 미국 엔지니어 입성은 가능하다. 미국 엔지니어라는 새로운 커리어를 통해 인생의 전환점을 꿈꾼다면 지금부터 새로운 각오로 딱 1년만 투자해보자. 이제껏 살아오면서 받아왔던 영어의 스트레스로부터 벗어날 수만 있다면 1년쯤이야 충분히 투자할만한 것 아닌가?

앞서 이야기했듯, 영어공부에 필요한 모든 자료는 인터넷 하나면 충분하다. 그렇다면 넘쳐나는 인터넷 자료들 가운데 미국 엔지니어가 되기 위한 최적의 영어학습 전략은 무언인지 자세히 살펴보도록 하자.

미국생활을 위한 생존영어부터 해결하자 :

유튜브 하나면 충분하다

미국에서 엔지니어로 살아가려면 하루도 빠짐없이 영어를 해야 한다. 외국인인 우리에게는 어쩔 수 없는 숙명이다. 영어를 유창하게 잘 한다면 무슨 걱정이 있겠는가. 하지만 아무리 해도 끝은 보이지 않고, 그저 막막하게만 느껴지는 게 현실이다. 외국인으로 살아가는 데 있어 결코 떨쳐버릴 수 없는 영원한 숙제, 다름 아닌 영어다. 어차피 완벽하게 할 수 없다면 더 이상 영어 때문에 스트레스를 받지는 말자. 엔지니어가 영어로 먹고사는 직업은 아니지 않는가? 미국에서 엔지니어로 살아가는 데 딱 필요한 만큼만 하면 된다.

앞서 언급했듯 현실적으로 살아가는 데 필요한 생활영어는 중학교 영어 수준의 회화실력이면 된다. 이 정도 수준의 영어실력이야말로 미국에서 살아가기 위한 최소한의 '생존영어'인 것이다. 어차피 해도 해도 끝이 없는 영어, 거두절미하고 우선 생존영어부터 해결하도록 작전을 짜보자.

막상 영어를 공부하려고 방법을 찾아보면 너무도 많은 교재와 자료들이 넘쳐난다. 서점에는 하루가 멀다 하고 새로운 영어교재들이 쏟아져 나오고, 인터넷을 둘러봐도 영어실력 향상을 위한 공부법이 너무도 많다. 혹자는 이런 방법이 최고라고 하고, 다른 한편에선 저런 방법이 최고라고 한다. 다다익선多多益善이라지만, 영어공부를 위한 자료들이 너무 많은 게 오히려 걱정이다. 사람마다 좋아하는 스타일과 취향이 다르듯이 영어공부 방법도 각자에게 가장 궁합이 맞는 스타일이 있다. 스스로 시도해보고 최적의 방법을 찾아야 한다.

내가 생각하는 가장 효율적 공부방법은 역시 인터넷, 특히 유튜브를 이용하는 것이다. 다른 건 몰라도 생존영어만큼은 정말 유튜브 하나면 충분하다. 유튜브엔 무료로 제공되는 양질의 강의들이 넘쳐난다. 특별히 학원비나 교재를 사기 위해 돈을 쓸 필요도 없다. 언제 어디서든 인터넷만 접속할 수 있으면 몇 번이고 반복해서 학습 가능한, 그야말로 최고의 공부방법이다. 특히나 요즘은 스마트폰 하나만 있으면 언제 어디서든 편하게 접속해서 공부할 수 있으니 이 얼마나 좋은 세상인가? Thank Steve Jobs!

독자 여러분 모두 영어 실력의 차이가 있으므로 각자가 받아들이는 느낌이 다를 것이다. 여기에서 소개하는 유튜브 채널들은 쉽고 재미있게 영어를 공부할 수 있는 곳으로, 사용자들의 반응이 가장 좋았던 것들이다.

내 경험상 이 정도 소스만 잘 활용해도 미국에서 엔지니어로 살아가기 위해 필요한 영어실력을 키우기에는 충분하다. 하지만 이 외에도 수많은 자료들이 넘쳐나므로 각지 자신의 실력에 따라 가장 효과적인 방법을 찾아서 활용하기 바란다.

1. 디바 제시카 영어회화(Deeva Jessica)

https://www.youtube.com/watch?v=ebSETnkZkq0&list=PLMHmzjQsn

8r-P1MODIuH7jefDmZ5dNahd

인기 유튜버 디바 제시카가 제공하는 영어공부 채널이다. 2018년 기준, 140만 명이 넘는 구독자를 두고 있다. 가장 기초적인 회화수준 이지만 미국 실생활에서 정말 많이 사용되는 표현들 위주로 알차게 다루고 있다. 다양한 주제의 유익한 강의 영상들이 제공되며, 전문 인터넷 방송인답게 각 사례별로 아주 쉽고 재미있게 설명해 주는 것 이 특징이다.

영어실력이 초보 수준이라면 당장 이곳부터 섭렵할 것을 '강추'한 다. 내용 자체가 쉬운 것들이라 부담 없이 편하게 공부할 수 있다. 영 어회화 초보 마스터용으로 탄탄하게 잘 구성된 인기 채널이다.

2. 올리버쌤 – 언어와 문화를 잇는 콘텐츠

https://www.youtube.com/channel/UCicKQUi8h4NI81wDmrDBD4A

한국에서 활동하는 원어민 교사 올리버쌤은 한국어뿐만 아니라 스페인어에도 능통한 인기 유튜버이다. [올리버쌤의 영어꿀팁]에서 는 여러 가지 상황별로 유용하게 사용할 수 있는 다양한 표현들이 제공되며, 특히 한국인들이 많이 하는 실수들을 잘 정리해서 정확한 표현을 배우기에 안성맞춤이다.

[올리버쌤 토크]에서는 한국과 다른 미국 문화, 원어민의 관점에서 바라보는 한국인과 미국인들의 사고방식 등을 열정적으로 다루고 있다. 또한 [미국의 민낯]에서는 미국의 각종 사회적 이슈 및 문제점 들을 적나라하게 파헤쳐 준다. 여러 가지 흥미로운 주제들을 다루고 있으며, 동영상 하나하나가 모두 철저한 자료조사를 바탕으로 만들

어져 있다.

원어민 강사를 통해 영어뿐만 아니라 미국의 생생한 문화를 한국말로 아주 쉽고 재미있게 배울 수 있는 곳이다.

3. 아란 잉글리쉬(Aran English)

https://www.youtube.com/playlist?list=PLjNR7V47vC7BjzmcPmWtTaP
C2c5ER7WxB

에듀테이터 김아란의 유튜브 채널인 아란 잉글리쉬는 기초 영어회화를 상황별로 쉽고 재미있게 배울 수 있는 공간이다. 여러 가지 상황별 표현 및 정확한 발음, 효과적 공부 방법, 각종 에피소드 등을 본인의 경험담을 바탕으로 생생하게 들려준다.

영어를 배우는 데 있어 현지인들의 생활방식 및 문화를 이해하는 것은 실제로 상당한 도움이 된다. Aran TV채널에 올라와 있는 수많은 동영상들은 원어민들이 즐겨 쓰는 살아 있는 영어 표현들뿐만 아니라 미국의 문화를 흥미롭게 소개하고 있다. 유튜브로 영어를 공부하면서 동시에 미국인들의 생활 문화를 배우기에 아주 유용한 채널이다.

4. Rachel's English

https://www.youtube.com/user/rachelsenglish

앞서 소개된 3개의 유튜브 채널들은 모두 한국어로 쉽고 재미있게 설명하는 채널들이다. 어느 정도 기본 실력이 쌓였다면 한국어 설명보다는 원어민들이 영어로 설명하는 오리지널 방송을 시도해보자.

영어실력을 향상시키기에 훨씬 효과적이다.

  백퍼센트 원어민들의 영어로 진행되는 강의들을 꾸준히 듣다보면 그만큼 영어에 많이 노출되므로, 자연스럽게 다양한 설명방식 및 표현들에 익숙해지게 된다. Rachel's English는 2018년 기준, 구독자 160만이 넘는 영어학습용 인기 채널로 600개 이상의 다양한 영상들을 제공하고 있다. 각각의 강의별로 다양한 주제와 관련하여 또박또박 알기 쉽게 설명하고 있으며, 영문자막도 제공되므로 초보자들이 이용하기에도 큰 무리가 없다.

5. Jennifer ESL - English with Jennifer

https://www.youtube.com/user/JenniferESL/featured?disable_polymer=1

  전직 영어교사이자 작가인 〈제니퍼와 함께하는 영어〉는 2007년부터 시작된 미국의 유명한 영어학습 채널이다. 초급부터 중급까지 수준별로 듣기, 말하기, 읽기, 쓰기 전 분야에 걸쳐 풍부한 강의 자료들을 신선한 영상으로 제공하고 있다. 기본 문법, 발음 및 미국 문화 등 각 분야별 다양한 콘텐츠를 깔끔한 프레젠테이션으로 보여주는 점이 특징이다. 기초부터 시작해 체계적으로 탄탄하게 영어실력을 쌓기에 상당히 파워풀한 채널이다.

6. Business English Pod -
English Conversation & Vocabulary Lessons for ESL

https://www.youtube.com/playlist?list=PL2C8571A4ADDE022C

  비즈니스 잉글리쉬 채널에는 특별히 미국 회사생활에 유용한 각종 영어표현들이 분야별로 총 망라되어 있다. 각 레슨별로 MP3 오디오 파일 및 스크립트도 무료로 제공된다. 이곳에서 다루고 있는 다양한 영어표현 및 스킬을 익힌다면 실전에서 미국 엔지니어로 일하는 데 전혀 문제없다.

영어로 진행되는 기본적인 비즈니스 회의부터 관리부나 회계팀에서 주로 사용하는 전문용어들까지 상당히 자세하게 다루고 있다. 사무직 회사원들이 주로 접하게 되는 다양한 상황을 살펴볼 수 있으므로, 직장생활을 위한 생존영어를 배우기에 가장 적합한 곳이라 할 수 있다. 미국에 취업하고자 하는 직장인들이 한 단계 높은 수준의 실전 비즈니스 영어를 배우기에 알차게 구성되어 있다.

효과적인 영어실력 향상을 위한 대박 무료 웹사이트 Top 7

여기서 소개하는 웹사이트들은 인터넷으로 영어를 공부하기에 최적화된 것들이다. 모두 무료로 이용할 수 있으며 상당히 탄탄한 콘텐츠로 구성되어 있다. 그야말로 대박 웹사이트들이다.

영어는 가급적이면 우리말로 구성된 국내용 웹사이트보다는 원어민들의 웹사이트를 통해 공부아는 것이 훨씬 효과저이다. 영한사전보다 영영사전을 추천하는 이유와 같다. 이곳에 소개된 웹사이트들은 미국에서도 가장 유명하고 리뷰가 좋은 것들 위주로 추천한 것이다.

1. ESOL Courses – Free English Lessons Online

https://www.esolcourses.com

완전 초보 수준부터 고급 레벨까지 영어를 체계적으로 배울 수 있는 곳이다. 본인 수준에 맞는 레벨로 리스닝 및 리딩, 라이팅 등 모든 파트의 학습이 가능하다.

단어 및 문법, 팝송, 퀴즈, 각종 문제은행 등 다양한 콘텐츠가 무료로 제공되므로 재미있게 영어를 배울 수 있다.

(http://www.esolcourses.com)

2. VOA Learning English - Voice of America News

https://learningenglish.voanews.com

Voice of America는 널리 알려진 웹사이트로 미국의 정치, 역사, 문화, 시사 등 모든 분야의 전반적인 뉴스기사를 쉬운 영어로 접할 수 있는 곳이다. 두 가지 레벨 별로 다양한 뉴스기사가 제공되므로 수준에 맞게 선택하여 리딩 및 리스닝 공부를 할 수 있다. 원어민이 뉴스기사를 천천히 아주 또박또박 읽어주기 때문에 초중급자들이 학습하기에 가장 좋다.

각 기사별로 MP3 파일도 지원되며, 특히 [Let's Learn English] 코너에서 제공되는 레슨들은 각 상황별로 다양한 시추에이션이 제시되어 있다. 내용 또한 상당히 알차고 탄탄하게 구성되어 있으므로 영어회화 학습용으로 안성맞춤이다.

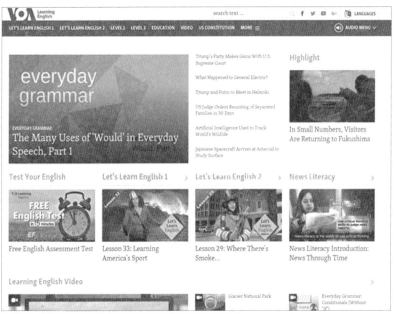

(https://learningenglish.voanews.com)

3. News in Levels - World News for Students of English

https://www.newsinlevels.com

이 웹사이트 역시 다양한 뉴스기사를 활용해 영어공부를 할 수 있는 곳이다. 3가지 레벨(Level 1 - Level 3)로 구성되어 있어 초급 수준부터 시작해 고급 수준까지 모두 적용할 수 있다.

똑같은 기사도 레벨별로 제공되므로 같은 내용의 기사를 난이도를 높여가며 들어보는 것도 하나의 재미가 될 것이다. 리딩과 리스닝 학습 외에도 문법 및 소설, 다양한 조크 등이 레벨별로 제공되므로 본인 수준에 맞는 맞춤형 영어학습이 가능하다.

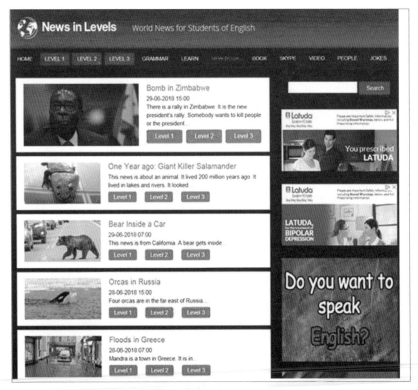

(https://www.newsinlevels.com)

4. ESL Lab – Randall's ESL Cyber Listening Lab

http://www.esl-lab.com

ESL Lab은 영어학습 및 영어실력을 테스트해볼 수 있는 곳이다. 초급, 중급, 고급(Easy, Medium, Difficult) 각 수준별로 수많은 퀴즈문제가 제공되며 온라인으로 문제풀이 후 곧바로 점수 확인이 가능하다. 영어공부를 꾸준히 해나가면서 자신의 실력을 검증해보기에 아주 유용한 웹사이트이다.

영어를 배워가며 중간 중간 테스트를 통해 본인의 영어실력이 향상되고 있음을 확인한다면 재미가 쏠쏠할 것이다.

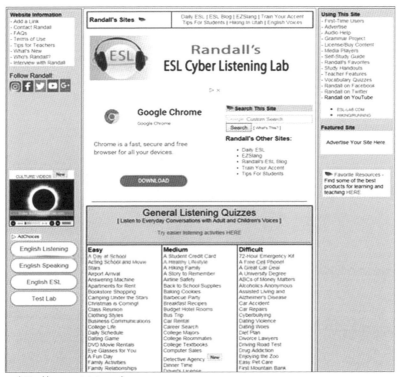

(http://www.esl-lab.com)

5. TED Talks - Ideas Worth Spreading

https://www.ted.com

TED는 미국에서 시작된 강연 프로젝트로 우리나라의 〈세바시-세상을 바꾸는 시간, 15분〉과 비슷하다. 세바시처럼 각 분야의 연사들이 나와 20분 정도로 짧게 이야기하는 프로그램이다. TED라는 제목은 'Technology, Entertainment, Design'의 약자로 'Ideas worth spreading'이라는 슬로건이 보여주듯, 가치 있는 생각들을 세상에 퍼뜨리는 것을 모토로 삼고 있다.

전 세계 연사들이 다루는 주제들 하나하나가 다양한 분야의 가치 있는 것들로 구성되어 청중들의 마음을 움직인다. 영어 학습뿐만 아니라 강연 자체를 통해 새로운 아이디어와 지식도 얻을 수 있다.

TED를 통한 영어 공부는 리스닝 실력이 중급 정도 되었을 때 시작하는 것이 보다 효과적이다. 모든 강연에 영문 자막이 제공되고 한국어 자막이 지원되는 영상들도 많이 올라와 있다. TED에는 수많은 강연들이 넘쳐나므로 특별히 관심 있는 주제를 선택해서 틈틈이 들어준다면 영어 노출량을 늘리는 데 상당한 도움이 될 것이다.

(https://www.ted.com)

6. Project Gutenberg - Free eBooks

http://www.gutenberg.org

다양한 분야의 수많은 영어책을 공짜로 다운받을 수 있는 곳이다. 2018년 기준, 무려 57,000권 이상의 전자책을 무료로 제공하고 있으며, 보유량이 꾸준히 증가하고 있다. 책 제목이나 저자명으로 검색이 가능하므로 관심 있는 책을 쉽게 찾아볼 수 있다.

가장 많이 다운로드 된 책의 리스트를 주기적으로 업데이트 하고 있으므로, 어떤 책들이 가장 인기 있는지 트렌드를 살펴볼 수도 있다. 또한 오디오북의 경우에는 MP3 파일도 함께 제공된다. 흥미 있는 분야의 책을 선정하여 장시간 리딩 및 리스닝 학습을 할 수 있는 곳이다.

(http://www.gutenberg.org)

7. NPR - National Public Radio

https://www.npr.org

미국인들이 일상적으로 즐겨듣는 공영 라디오방송이다. 일반 라디오방송이므로 말하는 속도도 빠르고 고급 어휘가 많이 구사된다. 꾸준한 영어학습을 통하여 리스닝에 자신감이 붙고 어느 정도 수준에 도달했다면 과감하게 도전해 보기를 추천한다. 더 이상 초보가 아닌 한 단계 높은 고급영어를 학습할 수 있을 것이다.

언젠가 여러분에게도 NPR 방송이 술술 들려오는 날이 온다면 더 이상 영어로 인한 스트레스는 끝!

(http://www.npr.org)

PART. 3
미국 엔지니어 취업 하기
실전편 - 하면 된다!

한 때는 불가능하다고 생각한 것이
결국에는 가능한 것이 된다

- K. 오브라이언

1. 미국 엔지니어 취업 첫걸음

미국 엔지니어 취업, 시작은 채용정보 수집으로부터

어디서부터 어떻게 시작해야 하나?
충분한 자료조사로 최적의 회사를 찾아내자

미국 엔지니어 취업, 막상 시작하려고 하니 눈앞이 캄캄하다는 이야기를 종종 듣는다. 어디서부터 무엇을, 어떻게 시작해야 할지 전혀 감을 못 잡겠다는 것이다. 미국에서 엔지니어로 취업하기 위한 첫걸음, 이제부터 차근차근 시작해보자.

가장 먼저 시작할 일은 자료조사다. 충분한 자료조사로 최적의 회사를 찾아내야 한다. 미국은 생각하는 것보다 훨씬 크고 넓다. 특히 지금까지 한국에서만 살아왔다면 어느 정도 규모인지 쉽게 상상이 가지 않을 것이다. 50개 주로 이루어진 미국은 우리나라 면적의 약 100배에 달한다. 각 주마다 다른 주법이 적용되고 있어, 조금 과장하면 50개의 나라가 모여 있는 것이나 마찬가지다. 기본적으로 같은 문화 속에서 같은 영어를 쓰지만, 주마다 특색이 서로 다른 경우가 많다. 한국처럼 작은 나라도 충청도, 경상도, 전라도 다 특색이 다른데 하물며 미국이야 오죽하랴. 같은 나라지만 동부와 서부는 비행기로도 5시간 이상 소요되고 무려 3시간의 시차가 있을 정도다. 국내 여행을 할 때도 시차가 있으니 시계를 바꿔가며 이동해야 한다.

새해를 맞이할 때도 재밌는 풍경이 펼쳐진다. 같은 미국이지만 서부는 아직 12월 31일 밤 9신데, 동부는 벌써 신년이 왔다고 불꽃놀이를 하는 장면이 텔레비전에 나오는 것이다. 땅덩어리가 워낙 넓다 보니 어디에서는 7월에도 눈이 내리는가 하면, 또 다른 어디에서는 12월도 여름처럼 덥다. 동방의 작은 나라, 한국에서는 가히 상상도 못하던 일이 벌어지는 곳이 미국이다.

이토록 광활한 미국에 우리가 일할 자리 하나 없을까? 왜 없겠는가. 다만 찾아내지 못할 뿐, 분명히 어딘가에는 존재한다. 아니, 생각보다 많다. 열심히 서치를 하다보면 차차 깨닫게 될 것이다. 우리의 목표는 조금이라도 더 적합한 최적의 회사를 찾아내는 것이다. 이를 위해서 반드시 해야 할 일이 충분한 자료조사 과정이다. 그렇다면 자료조사는 어떤 방식으로 하는 것이 가장 효율적일까? 지금부터 하나씩 살펴보도록 하자.

남들이 선호하는 회사가 아니라 나를 필요로 하는 회사를 공략하자

직장인들은 일터에서 하루의 3분의 1 이상을 보낸다. 남은 3분의 2 중에서 반 정도는 보통 잠을 자는 시간이다. 다시 말해 우리는 잠 자는 시간을 제외한 나머지 깨어 있는 시간의 반을 직장에서 보내는 것이다.

이렇게 장기간 우리 삶의 일부분을 차지하는 직장생활에서 가장 중요하게 고려해야 할 부분은 무엇일까? 누군가는 높은 연봉을 생 각할 수도 있고, 또 다른 누군가는 직장의 분위기나 안정성 등을 생 각할 수도 있을 것이다. 가치관의 차이일 수도 있으나, 내가 가장 중 요하게 여기는 부분은 무엇보다 '일하는 보람'이다. 내 인생의 반 이 상을 함께 하는 직장생활은 말 그대로 내 삶의 커리어다. 직장생활로 커리어를 쌓아가며 삶의 궤적을 그려나가는 것이 우리 인생 아니겠 는가?

이 책을 읽고 있는 독자 다수는 이미 엔지니어의 길을 걷고 있거 나, 또는 걷고자 하는 사람들일 것이다. 엔지니어로서 내가 생각하는 삶의 철학은 'To make a world better place', 즉 보다 더 나은 세상 을 만들기 위해 도움이 되는 인생을 사는 것이다. 일개 엔지니어로서 얼마나 도움이 될지는 모르겠지만, 그래도 엔지니어의 길을 걷기 시 작하며 품은 마인드 자체에는 변함이 없다.

일반적으로 많은 사람들이 대기업을 선호한다. 특히 세계 1등 기 업인 구글, 애플 등은 소위 '꿈의 직장'으로 통한다. 이런 직장에서 뽑아준다면야 그야말로 금상첨화겠지만, 누구나 선호하는 회사는 경쟁이 치열하기 마련이다. 그만큼 취업에 성공할 확률이 낮다. 중소기업이나 로컬업체에 비해 글로벌 대기업들이 여러 가지로 좋다는 건 누구나 아는 사실이다. 하지만 미국 엔지니어 취업이 목표라면 좀 더 현실을 직시할 필요가 있다. 일단 우리는 언어가 완벽하지 않은 외국인이다. 무엇보다 취업에 성공하여 미국 시장에 발을 담그는 것이 급선무다. 굳이 이름 있는 대기업이 아니더라도 상관없다. 우선은 미국 엔지니어로서 첫발을 내딛고 차차 경력을 쌓아가는 것이 현명한 전략이다.

물론 남들이 알아줄만한 대기업에 취업하는 것이 불가능한 것은 아니다. 이름만 들어도 알만한 유수의 기업체에서 미국 엔지니어로 활약하는 한국인은 얼마든지 있다. 하지만 처음부터 홈런을 날리는 건 쉽지 않다. 일단은 안타라도 때려 무조건 살아서 나가는 게 중요하다.

성공 확률을 높이기 위해선 남들이 선호하는 회사보다는 나를 필요로 하는 회사를 찾아야 한다. 광활한 미국시장엔 우리가 아는 회사들보다 모르는 회사들이 훨씬 더 많다. 열심히 서치를 하다보면 자신의 레주메에 관심을 갖는 회사를 만날 수 있다.

회사를 고를 때는 지역이나 규모 등 여러 가지 고려해야 할 사항이 많다. 하지만 회사에서 나를 필요로 한다면, 다소 마음에 들지 않는 부분이 있더라도 일난 손을 잡는 것이 옳다. 첫술에 배가 부르겠는가? 일단은 미국 엔지니어로 입문하는 것 자체가 무엇보다 중요하다. 한 걸음 한 걸음 경력을 쌓다보면 새로운 길이 보이기 마련이다. 처음부터 남들이 알아주는 대규모 기업체만 노리다가는 오히려 실속 있는 중소기업을 놓치기 십상이다. 말 그대로 '대탐소실大貪小失' 하는 우를 범하지 말자. 남들이 선호하는 회사가 아닌, 나를 선호하는 회사를 집중적으로 공략하자.

실무 경험이 전혀 없다면 인턴십부터 도전해보자

대부분의 회사들은 어느 정도 실무경험이 있는 엔지니어를 선호한다. 특별히 트레이닝을 시키기 위해 투자할 시간과 비용이 절감되기 때문이다. 신입직(Entry level)의 경우에도 학교에서 공부만 하다가 온 경우보다는, 인턴십이라도 해본 경우가 훨씬 취업에 유리하다. 그만큼 실무 경험을 중요시하는 곳이 엔지니어의 세계이다. 미국 학생들도 졸업 전에 기회만 된다면 인턴십을 통해 열심히 실무 경험을 쌓으려 노력한다.

미국 엔지니어 취업을 위해서는 한국에서라도 어느 정도 경력을 가시고 있는 것이 훨씬 유리하디. 만약 실무 경험이 전혀 없다면 인턴십을 고려해 보는 것도 하나의 방법이다. 인턴십은 아무런 실무 경험을 요구하지 않는다. 관련분야를 전공했다면 얼마든지 자격이 된다. 회사 입장에서는 저임금으로 단기간 부족한 인력을 보충할 목적으로 인턴십을 선호한다. 계약직으로 잠깐 고용하는 것이므로 크게 부담이 없다.

또한 인턴으로 일하는 과정 속에서 직원들을 1차로 평가하고, 마음에 들면 향후 정식 직원으로 고용하는 경우가 많다. 인터십 이후에 굳이 그 회사를 가지 않더라도 인턴으로 일하는 것 자체가 하나의 경력이므로 기회만 된다면 도전해보는 것이 좋다. 다만 인턴십은 돈을 벌기보다는 일을 배우기 위한 목적이므로 겸손한 자세로 접근하는 것이 바람직하다.

인턴 경험을 잘 살리면 향후 취업을 할 때에도 반드시 도움이 된다. 실무경험이 전혀 없다면 인턴십부터 도전해보자. 간절히 원하고 찾다보면 어떤 식으로든 길은 통하기 마련이다.

지구촌을 하나로 묶어준 인터넷 세상의 매력 :
인터넷 두 배 활용법

태평양 건너의 미국회사에 화상면접으로 취업이 가능한 인터넷 시대

바야흐로 인터넷 세상이다. 정보의 바다라 불리는 인터넷엔 그야말로 없는 것이 없다. 기성세대에겐 이름조차 생소했던 '인터넷'이란 녀석이 어느덧 전 세계 인류의 생활패턴을 새롭게 바꿔버린 것이다. 특히 스티브 잡스라는 한 인물 덕택에 스마트폰이 상용화되면서 인터넷은 현대인의 삶을 완전히 장악해 버렸다. 이제 정말 인터넷 없이는 단 하루도 살아갈 수 없을 정도니 말이다. 인터넷 덕분에 지구촌도 하나로 묶인 지 오래다. 태평양 건너 까마득하게만 느껴지던 미국도 이제는 옆 동네나 마찬가지다. 언제 어디서든 인터넷 하나만 있으면 접속하지 못할 곳이 없다.

미국 엔지니어 취업을 위해 한국에서 인터넷으로 어플라이도 하고, 필요한 경우 얼마든지 화상으로 인터뷰도 할 수 있다. 물론 미국 현지에 있으면 직접 만나기가 더 수월하겠지만, 같은 미국에서조차도 온사이트 인터뷰는 최종 관문이다. 같은 지역이 아니면 대부분 비행기로 이동해야 하므로, 일단은 전화나 화상 인터뷰를 통해 최종 후보자를 선택하는 것이 통상적이다. 현재 한국에 있다고 해서 크게 불리하진 않다는 이야기다. 한국에서도 인터넷만 잘 활용하면 얼마든지 미국 엔지니어 취업이 가능하다.

취업정보는 어디서나 인터넷만 있으면 검색할 수 있다. 요즘은 모든 자료가 인터넷에 공개되어 있다. 지금 당장이라도 취업전문 웹사이트 몇 개만 검색하다 보면, 구인정보가 넘쳐난다는 걸 깨닫게 될 것이다. 행여 본인에게 적합한 취업자리가 없지는 않을까 지레 걱정할 필요가 없다. 본격적으로 검색을 하다보면 차차 알게 되겠지만, 오히려 너무 많아서 걱정이 될 것이다. 그러므로 본인의 전공 및 경력조건 등에 가장 적합한 최적의 자료를 선별해서 수집하는 작업이 관건이다.

넘치는 취업정보들 속에는 아무 영양가 없는 쓰레기 자료들도 섞여 있게 마련이다. 하루가 멀다 하고 쏟아져 나오는 취업정보들 가운데 영양가 있는 알맹이 자료를 선별해내는 능력이 필요하다. 다음은 인터넷을 활용하여 최소 시간으로 최대 효과를 얻을 수 있는 방법들을 알아보자.

절대로 놓쳐선 안 될 취업전문 핵심 웹사이트

미국 엔지니어로 취업하기 위해서는 반드시 친해져야 할 핵심 웹사이트가 몇 개 있다. 미국에서 취업전문 웹사이트로 가장 대표적인 것들로는 한국에서도 유명해진 인디드(www.indeed.com), 글래스도어(www.glassdoor.com), 몬스터(www.monster.com), 커리어빌더(www.careerbuilder.com) 등이 있다. 이 외에도 여러 가지 채용전문 웹사이트가 있지만, 이 정도만 이용해도 미국 내에 올라온 웬만한 구직정보는 모두 얻을 수 있다.

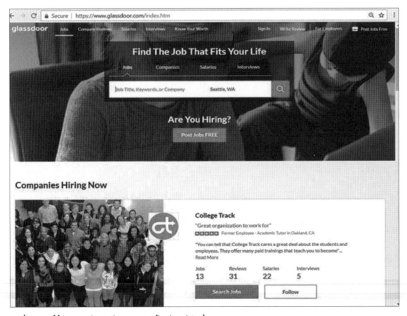

(https://www.glassdoor.com/index.htm)

본인의 전공 및 경력, 일하고 싶은 지역 등을 기준으로 검색하다보면, 각 기업의 채용 게시판이나 각종 취업정보 사이트에 게재된 수많은 구인정보들을 만나게 된다. 이 웹사이트들은 미국 내에서 가장 많이 사용되는 취업전문 웹사이트들이므로 정말 많은 채용정보를 다루고 있다. 매일매일 올라오는 채용정보의 양이 실로 방대하다.

따라서 원하는 취업 자리와 관련된 카테고리 및 회사들을 지역별로 필터링하여 검색하는 것이 편리하다. 또한 관심 있는 지역의 포지션을 선택하고 알람기능을 설정해 놓으면, 새로운 구인정보가 올라올 때마다 이메일을 통해 연락받을 수 있다. 미국 취업에 관심이 있다면 평상시 꾸준한 채용정보 모니터링을 통해 항상 잡 마켓의 흐름을 파악하고 있는 것이 중요하다.

인디드와 몬스터, 커리어빌더 등에서는 본인의 레주메도 웹사이트에 무료로 올려놓을 수 있다. 간혹 웹사이트에 올려놓은 레주메를 통해 관심 있는 회사나 헤드헌터들로부터 연락이 오는 경우도 있으므로 그만큼 확률을 높일 수 있다. 또한 인디드나 글래스도어의 경우에는 채용정보가 올라온 회사의 평판이나 리뷰, 포지션별 연봉정보도 함께 제공한다.

특히 글래스도어에 온라온 회사 리뷰는 대부분 지원들이 자신들의 직장을 평가한 것이다. 굉장히 솔직한 리뷰를 볼 수 있다. 직원들이 직접 느낀 회사의 장단점, 각종 불만사항 등을 엿볼 수 있으며, 때로는 사측 담당자가 직접 답변을 올려주기도 한다. 이렇게 직원들이 직접 올린 솔직담백한 평가를 통해 평균연봉 및 복리혜택 수준을 알아볼 수 있으므로 실제로 많은 도움이 된다.

또한 지원하는 회사의 특정 포지션과 관련된 인터뷰 질문이 올라오는 경우도 왕왕 있다. 관심 있는 회사의 분위기를 파악하고 싶다면 글래스도어에서 검색해보길 강추한다.

여기에 소개한 취업전문 웹사이트들만 열심히 검색해도 대부분의 미국 엔지니어 채용정보는 충분히 커버된다. 더 많은 취업전문 웹사이트들이 있지만 대부분 중복되는 것들이다. 굳이 욕심낼 필요가 없다. 각자 취향에 맞는 웹사이트 몇 개를 선택하여 주기적으로 꾸준히 검색해보는 것이 중요하다.

만약 미국의 엔지니어링 분야에 특화된 채용전문 웹사이트를 살펴보고 싶다면 싱크잡스(www.thinkjobs.com)에서 검색해보는 것도 좋다. 이 웹사이트는 미국 전역의 엔지니어링 관련 채용정보를 엔지니어 종류별로 포스팅해 놓은 곳이라 좀 더 전문적이다. 기술직 분야에 포커스를 맞춘 웹사이트로는 스킬드워커스(www.skilledworkers.com)가 있다.

IT 분야 채용정보 웹사이트로는 다이스(www.dice.com)와 크런치보드(www.crunchboard.com)가 유명하고, 인턴십에 관심 있다면 인턴십(www.internships.com)이나 웨이업(www.wayup.com)에서 검색하는 것이 효과적이다.

수많은 전문가를 가장 쉽게 만날 수 있는 곳, 링크드인 활용 팁

링크드인(LinkedIn)은 페이스북이나 트위터 같은 SNS의 한 종류이지만, 주로 직장인들을 위한 소통의 장이다. 각 분야의 전문가들이 연결되어 있어 전공분야의 따끈따끈한 정보를 주고받을 수 있고, 때로는 제법 심도 있는 디스커션을 벌이기도 한다. 링크드인의 장점은 무엇보다 각 분야별 수많은 전문가를 손쉽게 만날 수 있다는 것이다. 전문 소셜네트워크이므로 온라인상에서 다방면의 수많은 전문가들과 교류하며 의견을 주고받기에 가장 적합한 곳이다.

링크드인은 기본적으로 SNS 방식이지만 구인구직 기능이 결합된 형태이다. 한국에서는 그다지 활발하게 사용되고 있지 않지만, 미국에서는 취업과 관련해 가장 많이 이용되는 사이트 중 하나이다. 수많은 리쿠르터와 헤드헌터들이 링크드인을 통해 구인광고를 올리고 인재를 찾기 위해 노력한다. 내 주변에도 실제로 링크드인을 통해서 취업에 성공한 사례가 많이 있다.

링크드인의 채용공고 메뉴에서는 여타 취업 전문 웹사이트들과 마찬가지로 각 분야별, 지역별 채용정보를 찾아볼 수 있다. 또한 알람 기능을 설정해 놓으면 관심 분야의 정보를 주기적으로 업데이트해 준다. 특히 좋은 점은 링크드인에 올려놓은 본인 프로필을 통해 관심 있는 곳으로부터 연락을 받을 수 있다는 것이다. 2018년 현재 전 세계 5억 명이 넘는 사람이 이용하는 링크드인은 당연히 리쿠르터들과 헤드헌터들이 가장 많이 활용하는 웹사이트이다. 각 분야별 수많은 사람들이 연결되어 있으므로 링크드인 프로필은 평소에도 신경 써서 관리하는 것이 좋다.

링크드인의 프로필은 어떻게 꾸미는 것이 효과적일까? 일단 링크드인의 프로필 사진은 반드시 올리는 것이 좋다. 미국 취업을 위한 레주메에는 사진을 넣지 않지만 링크드인은 다르다. 링크드인은 기본적으로 직장인들의 소셜네트워크을 위한 것이다. 만약 프로필 사진이 없다면 소통에 대한 의지가 없거나 뭔가를 숨기는 듯한 인상을 줄 수 있다.

링크드인의 목적은 레주메나 커버레터에서 보여줄 수 없었던 본인의 또 다른 모습을 보여주기 위함이다. 전공과 관련된 전문기술 및 프로페셔널 경력과 관련하여 특별히 보여주고 싶은 것들이 있다면 링크드인을 통해 최대한 어필해 보도록 하자. 자신의 성과물 중 공개 가능한 자료를 올리거나, 각종 사진이나 동영상 등 멀티미디어를 적극적으로 활용한다면 나만의 차별된 강점을 보다 강렬하게 보여줄 수 있다. 또한 링크드인은 키워드 위주의 검색 알고리즘이 적용되는 시스템이다. 경력사항은 디테일하게 키워드 위주로 정리하도록 하자. 그래야만 전공분야의 관심 있는 사람들이 검색할 경우 상위에 노출될 수 있다.

언제 어디서 누군가 나의 프로필을 보고 갑자기 연락을 하게 될지는 아무도 모른다. 취업을 준비한다면 본인의 프로필을 최대한 프로페셔널하게 노출시켜 담당자들의 이목을 사로잡는 게 중요하다. 하늘은 스스로 돕는 자를 돕는다고 했다. 성공 확률을 조금이라도 높이기 위해선 여러 가지 루트를 이용해 미리미리 준비하는 노력이 필요하다.

2. 효과적인 레주메 작성 팁 :
여전히 낯설기만 한 영문이력서, 어떻게 써야 하나?

잡 마켓의 흐름이 어느 정도 파악되고 취업하고자 하는 분야의 채용정보가 충분히 수집되었다면 이제부턴 본격적으로 여기저기 입사지원(Apply)을 해야 한다. 어플라이에 필요한 지원서류 중 가장 중요한 것이 바로 영문이력서(Resume)다. 통상적으로 채용담당자는 접수된 수백 장의 레주메 중, 관심이 가는 몇 명만을 선별해서 인터뷰를 진행한다. 이렇게 관심 가는 레주메를 선별하는 과정이 'First screen(1차 스크린)'이다.

보통 1차 스크린에 통과하지 못한 대부분의 레주메는 허무하게도 휴지통으로 들어가 버리는 신세가 되고 만다. 한마디로 1차 스크린에 떨어지면 인터뷰도 한번 해보지 못하고 곧바로 탈락하는 것이다. 칼을 뽑았으면 호박이라도 찔러봐야 할 텐데, 이렇게 떨어지면 그야말로 칼을 뽑아보지도 못하는 것이다. 따라서 레주메 작성 시엔 "하늘이 두 쪽이 나도 1차 스크린은 무조건 통과한다."는 비장한 각오로 임해야 한다.

1차 스크린 통과 여부는 순전히 레주메 한 장으로 결판나는 것이므로, 레주메를 통해 자신을 최대한 어필할 수 있도록 심혈에 심혈을 기울여야 한다. 자, 그럼 지금부터 효과적인 레주메 작성을 위한 요령은 무엇인지 하나씩 살펴보도록 하자.

영문이력서, 국문이력서와는 형식부터 다르다 : 레주메에 반드시 들어가야 할 항목들

미국 엔지니어에 지원하기 위해 제출하는 영문이력서를 단순하게 '국문이력서를 영문으로 번역한 서류'라고 생각한다면 큰 오산이다. 영문이력서는 국문이력서와는 일단 형식부터가 다르다. 우리나라 이력서에 익숙해져 있는 사람이라면 형식부터 완전히 다른 레주메가 상당히 생뚱맞게 보일 수도 있다. 우리처럼 지원자의 사진이 들어가는 것도 아니고, 주민등록번호나 생년월일 등 개인 신상정보도 들어가지 않는다. 인적사항 관련해서는 이름과 주소, 전화번호와 이메일 등 아주 기본적인 연락처만 들어간다. 그러므로 회사에서 직접 인터뷰를 하기 전에는 지원자의 얼굴이나 외모, 나이 등에 대해 전혀 알 수가 없다. 심지어 남녀 모두에게 흔히 사용되는 애매한 이름의 경우에는 지원자가 남자인지 여자인지 성별조차 확인하기 힘들다.

미국 엔지니어 채용 과정은 그야말로 회사에서 필요로 하는 포지션에 가장 적합한 능력을 가진 사람을 뽑는 것이다. 다시 말해 사원자의 전문기술이나 경력이 중요한 것이지, 나이나 성별, 외모 등의 부수적 요소는 관심사항이 아니다. 우리와 너무 달라 다소 어색하긴 하지만 곰곰이 생각해보면 틀린 말은 아니다.

이런 관점에서 본다면 우리처럼 이력서에 각종 신체사항이나 가족사항까지 상세하게 들어가는 경우가 오히려 이해하기 힘들다. 회사마다 차이는 있지만, 예전에는 이력서에 키나 몸무게, 혈액형, 종교, 가족사항 등 온갖 시시콜콜한 정보들을 요구하는 경우가 많았다. (요즘도 그런지는 잘 모르겠다.)

회사에서 일할 사람을 뽑는데 업무와 관련된 지원자의 백그라운드만 알면 되지, 도대체 키, 몸무게, 혈액형 등의 신체정보가 왜 필요한가. 더군다나 종교나 가족사항 등의 프라이버시는 왜 알아야 하는가 말이다. 미국의 경우, 채용담당자들이 원하는 정보는 그야말로 지원자의 업무수행 능력일 뿐, 이렇게 잡다한 개인의 신상정보에는 별다른 관심이 없다.

오래전 한국에서 조그만 사업체를 운영하던 동창이 하나 있는데, 그 친구가 사무보조직으로 여직원 한 명을 뽑을 때 들려주었던 이야기다. 지원자들의 학력이나 경력수준이 다들 비슷비슷한 조건이라, 수 십 장의 이력서를 검토하는 과정에서 가장 자세하게 들여다보았던 건 자연스럽게 지원자들의 사진이었다고 한다. 또한 몇 명의 면접을 통해 최종합격자를 선택했던 기준이 결국은 외모였다, 라는 솔직한 고백이었다.

청년실업 문제가 하늘을 찌르는 요즘도 별반 차이는 없으리라 본다. 아무리 세상이 바뀌고 4차 산업혁명시대를 맞이했다 한들, 여전히 이력서에 사진을 첨부하는 현실에서 무슨 상황이 얼마나 바뀌었겠는가. 현실이 이렇다보니 대한민국의 성형외과가 전 세계 최고 수준이라는 말도 자연스럽게 이해가 된다.

이런 관점에서 본다면, 레주메는 국문이력서에 비해 상당히 합리적이라 할 수 있다. 지원자가 잡 포지션에 적합한 인물인지를 판단하는 데 정말 필요한 정보만을 넣는다. 국문이력서처럼 특별히 정해진 양식이 있는 것도 아니다. 폰트나 줄 간격, 여백 등의 레주메 형식 또한 각자 취향대로 구성할 수 있다. 단, 레주메에도 반드시 들어가야 할 항목들이 있다. 다음에 소개되는 항목들만 포함시킨다면 누구나 전혀 손색없는 레주메를 작성할 수 있다.

▶ **개인정보**(Personal Information) : 이름, 주소, 연락처(전화번호, 이메일) 등. 이름은 최상단에 큼직하게 표기하며 레주메의 타이틀이 된다.

▶ **경력사항**(Professional Experience) : 회사명, 직급, 근무기간 등을 프로페셔널 경력 위주로 정리. 시간 역순으로 최근의 경험과 정보를 상위에 기입한다.

▶ **학력사항**(Education): 대학교(대학원), 지역, 전공 및 학위 등을 졸업연도와 함께 표기. 경력과 마찬가지로 최근에 취득한 학위부터 상위에 기입한다.

▶ **자격사항**(Certifications) : 보유하고 있는 전문분야 자격증(PE, EIT 등). 자격증 종류 및 취득연도를 시간 역순으로 정리한다.

▶ **전문기술**(Professional Skills) : 지원하는 포지션과 관련된 전문기술 (전문 소프트웨어 및 하드웨어, 프로그래밍 언어, 특수장비 및 실험기 등 관련기술). Job description(모집요강)과 연관된 기술 위주로 정리한다.

▶ **기타 활동**(Activities/Achievements) : 전문분야 관련 학회활동, 리더십 경험, 장학금 및 각종 수상내역 등의 개인적 성과

▶ **추가정보**(Other Sections) : 저널에 발표된 논문이나 학회 프레젠테이션, 전공분야 특허 등

이력서에는 오로지 이력만을 :
나만의 기술력을 보여주는 한 장의 문서

이력서는 말 그대로 당신의 이력을 보여주는 것이다. 레주메도 국문이력서와 마찬가지로 학력이나 경력, 자격증 등의 정보를 보여주기 위한 것이다. 앞서 언급했듯, 가장 크게 다른 점은 지원자의 사진이나 생년월일, 주민등록번호 등의 개인 신상정보가 전혀 들어가지 않는다는 것이다. 여기엔 기본적으로 개인 프라이버시를 중요하게 보는 문화적 차이가 있다. 그러나 가장 큰 이유는 미국은 직원고용 시 'Equal Employment Opportunity(동등한 고용기회)'가 연방법으로 명확하게 규정되어 있기 때문이다.

미국에서는 인종, 피부색, 성별(성 소수자 및 임신 여부 포함), 종교, 출신국가, 나이, 신체장애 등의 요소가 직원 채용이나 해고에서 차별조건으로 작용되면 명백한 불법이다. 따라서 채용담당자는 지원자가 어

떤 전문기술을 가지고 있고, 어떤 일들을 해봤으며, 회사에 어떻게 도움이 될 것인지에만 관심을 갖는다. 상당히 합리적이지 않은가? 누구든 상관없이 실력만 있으면 된다는 뜻이다. 사진이 첨부되지 않으니 우리처럼 사진 '포샵'에 심혈을 기울일 필요도 없다. 레주메에는 오로지 자신이 어떤 전문경력과 기술을 가지고 있는지에만 포커스를 맞추면 된다.

한 장의 레주메에 모든 정보를 담을 수는 없으므로, 최대한 요약하여 가급적 콤팩트하게 작성하는 것이 좋다. 그동안 참여했던 주요 프로젝트 특히, 지원하는 포지션과 연관된 경력과 기술 위주로 정리하는 것이 효과적이다. 일반적인 배치 순서는 최근 정보부터 시간 역순으로 정리하는 것이 기본 원칙이다. 전공과 관련된 개인 홈페이지나 블로그 등이 있다면 링크를 걸어 자신만의 특별한 인상을 남기는 것도 좋은 방법이다. 단, 개인의 취미나 사생활이 담겨 있는 사적 공간이 아닌, 전공과 관련된 각종 자료나 활동내용이 들어 있는 것이어야 한다. 지원하는 포지션과 직접적으로 연관된 내용들이나 특히 강조하고 싶은 정보들은 가급적 한눈에 확 띄도록 구성하자.

기본적으로 레주메는 특별히 정해진 포맷이 있는 게 아니므로 사용하는 폰트나 디자인 등은 자유롭게 선택할 수 있다. 하지만 너무 눈에 튀거나 화려한 구성보다는, 은은하게 전문가의 느낌이 배어나는 구성방식이 훨씬 효과적이다. 레주메 포맷과 관련해 한 가지 주의할 점은, 반드시 미국에서 사용하는 레터Letter 용지(216×279mm, 8.5×

11인치) 사이즈로 작업해야 한다는 것이다. (레터지는 A4 용지와 비슷하지만 사이즈가 살짝 다르다.)

이건 상식으로 알아두자. 미국에서는 A4 용지를 사용하지 않는다. 간혹 한국에서 사용하는 A4 용지에 작업해서 PDF로 변환한 레주메를 보내는 경우가 있는데, 그대로 레터지에 인쇄할 경우 포맷이 틀어지게 된다. 많이 하는 실수이므로 꼭 유의하자. 레주메뿐만 아니라 향후 미국에서 사용될 모든 문서는 처음부터 반드시 레터지 사이즈로 작업해야 한다.

학력보다는 경력 위주로 최대한 프로페셔널하게 포장하자

미국 엔지니어로 취업하려면 무엇보다 우리와는 다른 미국의 기업 문화를 이해하는 것이 중요하다. 미국은 우리나라처럼 스펙이 중요한 나라가 아니다. 물론 이름 없는 동네 조그만 대학보다는 소위 Top 10에 해당하는 명문대 출신이 유리하긴 하겠지만, 우리처럼 기본 스펙이 취업에서 당락을 결정짓는 핵심요소로 작용하지는 않는다.

땅덩어리 작은 우리나라에선 특히 대학 서열에 대한 편견이 뿌리 깊게 자리 잡고 있다. 일단 어느 대학 출신인지만 가지고 사람의 능력을 판단해 버리는 경향이 강하다. 그러다보니 하나같이 중고등학교 때부터 각종 과외에, 밤늦게까지 학원들을 돌아다니며 소위 명문대를 향한 삶에 올인하는 것이다. 요즘은 아예 초등학교 때부터 입시준비를 위한 프로젝트가 시작된다고 한다. 한창 뛰어놀며 자라나야 할 아이들이, 입시지옥을 통과의례처럼 맞이해야만 하는 현실이 안타깝다.

사람은 각자 가지고 있는 특기와 능력, 개인별 적성이 다 다르다. 어떻게 오직 출신 대학만을 가지고 단순히 서열화하여 일괄적 평가를 한단 말인가. 생각보다 오랜 시간이 걸리겠지만, 언젠가는 반드시 바꿔야 할 잘못된 사회풍토라는 것만은 분명하다. 반면 미국에선 대부분 각 주마다 일단 그 지역 주립대학 출신이면 기본적으로 인정을 받는다. 또한 졸업 후 취업자리를 구할 때에도 최소한 그 지역에서는 큰 문제가 없다.

레주메는 학력보다 경력 위주로 최대한 프로페셔널하게 포장하는 것이 효과적이다. 이력서 상단에 기본적인 개인정보를 표기하고, 곧바로 몇 줄로 요약된 본인의 경력(Career Overview)을 보여주는 것이 좋다. 그 다음에 보여줄 것이 전문경력 사항인 'Professional Experience' 항목이다. 특별히 보여줄 전문경력이 별로 없는 신입직이 아니라면, 학력사항보다는 경력사항을 먼저 보여주도록 한다.

미국 사람들은 우리와 관점이 많이 다르다. 지원자가 어느 학교 출신인지보다는 이떤 프로젝트들을 수행한 경험이 있는지에 디 관심이 많다. 경력사항은 기본적으로 가장 최근에 수행한 프로젝트부터 시간 역순으로 정리한다. 경력은 당연히 지원하는 회사 및 포지션과 관련된, 즉 회사에서 관심 있어 할만한 내용들 위주로 정리해야 한다. 정리할 때에는 주저리주저리 길게 설명하기보다 키워드 위주로 간단명료하게 정리하는 것이 깔끔하다.

수행했던 특정 프로젝트에 대해서 채용담당자가 관심이 있다면 인터뷰 시에 질문할 수도 있다. 만약을 대비해 머릿속에 잘 정리해 두었다가 그때 가서 설명해 주면 된다. 전문분야 경력들은 하나하나가 모두 소중한 커리어에 해당된다. 인턴 등의 짧은 경력들도 있다면 잘 정리해서 보여주는 것이 좋다. 미국에서의 경험이 있다면 아무래도 유리하겠지만 없어도 크게 주눅들 필요는 없다. 특히 한국에서의 프로젝트 수행 경력은 오히려 국제적 경험에 해당하므로 잘 포장하여 자신 있게 부각시키도록 하자.

학력사항인 'Education' 항목은 경력사항과 마찬가지로 최근에 졸업한 학교부터 역순으로 정리하는 것이 원칙이다. 레주메에는 기본적으로 대학교/대학원 정보만 기입하며, 학교명과 지역, 전공 및 졸업년도 등을 석는다. 졸업년도는 간략하게 몇 년 몇 월인지만 표기하면 된다. 대학원을 졸업한 경우는 취득학위 및 세부전공을 표기한다.

만약 온라인 대학 등 전공분야 특수과정을 수료하였다면 그것도 표기해 주자. 학력사항에 간혹 학점(GPA)을 보여주는 경우가 있는데, 특별히 뛰어난 경우가 아니라면 생략해도 무방하다. 각종 상이나 장학금(Scholarship or Assistantship)을 받은 적이 있다면, 기타 성과 (Achievements) 항목에 'Awards/Honors' 등으로 수상내역을 따로 정리해 본인의 능력을 최대한 어필하는 것이 좋다.

전문기술과 자격증으로 한층 신뢰감을 높이자

몇 번 언급했듯, 미국에서 엔지니어는 전문직이다. 반면 우리는 아직도 엔지니어가 전문직으로 인식되기보다는 '공돌이, 공순이'로 비하되는 경우가 많다. 미국에 비해 받는 대우나 근무여건 등도 여전히 열악한 실정이다. 특히 '노가다'로 치부되는 건설 엔지니어의 경우, 장기간 지속된 국내 건설경기의 정체 및 하락으로 수많은 시공사와 설계사가 난항을 겪고 있다. 그와 더불어 많은 엔지니어들이 반복적으로 야근을 하면서도 박봉에 시달리고 있음은 더 이상 어제 오늘 일이 아니다. 최근 부쩍 많은 한국의 기술자들 사이에 '한 번쯤은 나도 미국에서 엔지니어로 살아보고 싶다.'는 열망이 높아지는 이유이다.

전문직인 미국 엔지니어로 살아가려면 해당분야의 전문기술과 전문자격증 등 공인된 능력으로 승부해야 한다. 레주메에는 관련분야, 특히 지원하는 포지션과 연관된 전문기술 및 전문자격증 목록을 모두 보여주어야 한다. 전공과 관련된 전문 하드웨어나 소프트웨어, 많이 다루어 본 실험장비나 프로그래밍 스킬이 있다면 모두가 소중한 전문기술에 해당한다. 'Professional Skills' 항목에 리스트를 정리해서 빠짐없이 보여주도록 하자.

전문기술의 경우 레벨을 상, 중, 하로 나눌 때 당연히 상위레벨이 좋지만, 굳이 능숙한 수준이 아니더라도 자신이 보유한 기술력은 일단 종류별로 모두 보여주는 것이 중요하다. 전문기술 목록을 정리할 때에는 가장 능숙하게 다룰 수 있는 것부터 레벨별로 나열하는 것이 좋다.

때때로 Job description에는 회사에서 주로 사용하는 전문분야 특정 하드웨어나 소프트웨어 종류가 명시된다. 이럴 경우, 모집요강에 명기된 하드웨어나 소프트웨어가 지원자의 전문기술로 언급된 레주메부터 1차 스크린에 통과될 확률이 높은 건 너무도 당연하다. 쉽게 말해 Job description과 나의 레주메 사이에 서로 매치되는 키워드가 많으면 많을수록 승률은 높아진다.

전문자격증은 미국에서 취득한 PE(Professional Engineer), EIT(Engineer in Training) 등 미국 라이센스를 의미한다. 하지만 혹시라도 국내에서 취득한 전문자격증(기술사, 기사 등)을 보유하고 있다면 국내자격증이라도 일단은 전부 보여주는 게 좋다. 전문분야 기술과 자격증은 지원자의 실력을 보증하는 밑거름이 되므로, 신뢰감을 높이기 위해 하나도 빠짐없이 보여주는 것이 중요하다.

지원하는 포지션에 꼭 맞는 맞춤형 레주메로
면접관 마음을 사로잡자

본격적으로 잡 서치를 시작하고 관련분야 채용정보를 하나씩 수집하다 보면 깨닫게 될 것이다. 아무리 동종 분야의 포지션이라고 해도 채용하는 회사마다 필요로 하는 엔지니어의 요구조건에는 디테일한 차이가 있다. 따라서 레주메 작업에도 좀 더 신경 쓸 필요가 있다. 쉽게 말해 각각 지원하는 곳의 요구조건에 조금이라도 더 들어맞도록 작성하는 것이 보다 효과적이다. 한마디로 지원하는 포지션에 꼭 맞는 '맞춤형 레주메'로 면접관의 마음을 사로잡아야 하는 것이다.

아니, 한두 군데 지원할 것도 아닌데 어플라이 때마다 전부 다른 버전의 레주메를 준비하라고? 그렇다. 레주메의 기본적인 틀은 차이가 없지만, 전문경력을 보여주는 부분에서는 지원하는 Job description에 조금이라도 더 부합되도록 세심한 터치가 필요한 것이다. 인정한다. 이게 얼마나 귀찮고 손이 많이 가는 작업인지. 나도 직접 해본 1인인지라 누구보다 잘 안다. 당연히 하나의 레주메를 준비해 똑같은 버전으로 여기저기 막 뿌리면 시간도 절약하고 훨씬 쉽게 갈 수 있다. 하지만 그만큼 승률은 떨어진다고 보면 된다. 세상에는 공짜가 없는 법이다. No pain, No gain. 언제나 노력의 대가는 반드시 땀을 흘린 만큼 돌아오게 마련이다.

지원하는 회사마다 다른 버전의 수많은 레주메를 준비한다는 것 자체가 손이 많이 가고 힘든 작업이긴 하다. 그러나 이렇게 맞춤형 레주메를 작성하다 보면 어플라이 하는 각각의 포지션에 조금이라도 더 부합되는 레주메를 만들 수 있다. 가령, 현장 경력을 중시하는 포지션에는 현장 경험 위주로 정리를 하고(현장 경력도 여러 가지 다양한 종류가 있으므로 가급적 지원하는 포지션에서 요구하는 경험과 가장 비슷한 경력 위주로 정리하는 것이 좋다), 특정 소프트웨어를 사용한 수치해석이나 설계업무를 주로 하는 포지션의 경우에는 관련분야 프로젝트 수행경력 등이 좀 더 부각되도록 정리하는 식이다.

이때 유의할 점이 있다. 지원을 할 때 엉뚱한 레주메가 첨부되지 않도록 각별히 조심해야 한다는 것이다. 처음에 몇 군데 어플라이 할 때에는 별로 그럴 일이 없다. 하지만 지원하는 곳이 쌓이기 시작해 수십, 수백 곳이 되다보면 상황은 달라진다. 엉뚱한 레주메를 잘못 첨부해서 보내기도 하고, 간혹 헷갈려서 똑같은 곳에 두 번 지원하기도 한다. 많은 이들이 공통적으로 저지르는 실수다.

가장 좋은 방법은 미국 엔지니어 취업을 위한 나만의 데이터베이스를 구축해 놓는 것이다. 어플라이 할 때마다 각각의 회사명으로 폴더를 만들어 날짜별, 지역별 등으로 잘 분류하여 정리해 놓는 방법이다. 또한 엑셀 프로그램 등을 이용하여 잡 어플라이 현황표를 만들자. 여기저기 지원할 때마다 날짜별로 회사명, 포지션, 첨부서류, 관련 웹사이트 링크 등을 잘 정리해 놓으면 향후에도 관리하기에 용이

하다.

또 한 가지 주의할 점은 (행여 그럴 일이야 없겠지만) 혹시라도 레주메에 거짓된 내용을 포함해서는 절대로 안 된다는 것이다. 레주메에 자신의 경험을 강조하기 위해 부각시켜 보여주는 것과, 전혀 경험해보지도 않은 내용을 해본 것처럼 포함시키는 것은 완전히 다르다.

미국에서 살다보면 차차 느끼게 되겠지만 미국 문화에서 거짓말은 정말 큰 죄악에 해당한다. 거짓말한 사람으로 한번 찍히게 되면 사람들의 신뢰감이 완전히 바닥으로 떨어질 뿐만 아니라, 나중에는 감당하기 힘들 정도로 완전히 매장당할 수도 있다.

미국에서 살아가는 햇수가 쌓이다보니 주변에서 그런 경우를 한번씩 접하곤 한다. 꼭 명심하자. 미국에서 직장이나 사회생활을 하면서 거짓말은 절대로! 하면 안 된다.

주제와 살짝 벗어난 이야기이긴 하지만, 미국 문화에서 또 하나 조심해야 할 사항이 바로 'Plagiarism(표절)'에 대한 것이다. 나도 한국에선 별 생각 없이 여기저기서 수집한 자료들을 베껴가며 숙제를 하곤 했지만, 미국에 와서는 각별히 조심했다.

미국 교육시스템에서는 초등학교 때부터 표절과 관련하여 학생들에게 확실한 경각심을 갖도록 가르친다. 표절은 도둑질과 같은 행위이므로 다른 사람의 자료를 인용할 땐 반드시 출처를 밝히도록 강조한다. 어려서부터 이렇게 교육받으며 자라온 미국 학생들은 자료를 인용할 때 거의 자동적으로 출처를 밝힌다. 하지만 미국에 처음 유학을 온 한국학생들의 경우엔 아무런 생각 없이 표절을 하는 실수를 범하곤 한다. 요즘은 우리나라도 예전에 비해서 많이 바뀌고 있는 분위기라 그나마 다행이다.

정리하자면 미국에서 엔지니어로 살아가면서 거짓말과 표절에 대해서는 각별한 주의가 필요하다는 것이다. 이런 부분에 조심하면서 다소 귀찮더라도 반드시 맞춤형 레주메를 준비하도록 하자. 포지션에 꼭 맞는 맞춤형 레주메로 지원한다면 1차 스크린에 통과할 확률은 반드시 올라간다. 지성이면 감천이라고 했다. 이렇게 사소한 부분까지도 꼼꼼하게 신경 쓰고 준비하다보면 미국 엔지니어를 향한 꿈은 반드시 이루어질 것이다.

반복된 교정작업을 통한 깔끔한 마무리 : 퇴고는 많이 할수록 좋다

레주메는 입사지원자와 인사담당자가 첫 번째로 만나게 되는 공식적인 통로이다. 첫인상이 차지하는 비중이 중요한 건 잘 알고 있을 것이다. 첫인상으로 한 사람의 이미지를 결정할 수 있듯이 레주메도 미처 발견하지 못한 사소한 실수가 채용담당자에게 처음부터 안 좋은 이미지로 각인될 수 있다. 따라서 레주메를 작성할 때 교정 작업이 얼마나 중요한지에 대해서는 아무리 강조해도 지나치지 않다.

오랜 시간 심혈을 기울여 작성한 레주메도 몇 번씩 살펴보면 사소한 오탈자 등의 실수가 눈에 띄기 마련이다. 혹자는 실수 하나 없는 완벽한 인간보다 때론 실수도 좀 하고 그래야 인간미 있다고 말할지도 모르겠다. 맞는 말이다. 나도 굳이 선택하라면, 찔러도 피 한 방울 안 나올 것 같은 완벽한 인간보다는 어느 정도 빈틈이 보이는 경우가 사람 냄새도 나고 심적으로도 더 끌린다. 하지만 미국 엔지니어 취업을 위한 레주메를 작성할 때는 예외다.

　　레주메 작성은 미국 엔지니어라고 하는 프로페셔널의 세계에 조인하기 위해 그야말로 첫 단추를 끼우는 작업이다. 물론 오탈자 등의 사소한 실수 하나가 당락을 결정짓는 데 큰 영향을 미친다고 단정지을 순 없다. 하지만 이런 허술함이 좋지 않은 인상을 심어주는 것은 사실이다.

　　반드시 꼼꼼하게 점검하고 수정해서 최대한 깔끔하게 마무리 짓도록 노력하자. 때때로 본인이 작성한 문서는 몇 번씩 살펴봐도 오류를 발견하지 못하고 그냥 넘어가는 경우가 있다. 가급적이면 주변 사람들의 리뷰를 받아보는 것이 좋다. 가능하다면 전문가의 도움을 받자. 혹시라도 레주메에 사용된 어색한 표현이나 콩글리쉬 등이 있다면 현지인들의 정서에 맞는 정확한 표현으로 수정해야 한다.

　　우린 네이티브가 아닌 외국인이다. 인터내셔널들의 가장 큰 약점인 영어에서 발목을 잡히기 쉽다. 그러므로 미국 취업의 첫 단추인 레주메부터 각별한 신경을 써야 하는 것이다. 충분한 피드백 및 교정작업을 마친 후에는 PDF 파일로 변환하고 파일명은 한눈에 알아보기 쉽게 'Resume_Kil-Dong Hong' 등으로 하여 저장하는 것이 좋다.

레주메 작성 시 주로 사용되는 핵심단어 리스트

레주메는 채용담당자가 지원자의 인터뷰 진행 여부를 결정하기 위해 짧은 시간에 쓰윽 훑어보는 서류이다. 따라서 그야말로 한눈에 확 들어오게 구성하는 것이 핵심이다. 채용담당자 입장에서 한번 생각해보자. 책상에 수북하게 쌓여 있는 수 백 장이 넘는 레주메들을 언제 하나하나 꼼꼼히 읽어보고 있겠는가. 특수한 케이스이긴 하지만, 꿈의 직장으로 불리는 구글의 경우 일 년에 접수되는 레주메가 보통 2백만 개 이상이라고 알려져 있다.

대부분의 채용담당자가 레주메를 한번 훑어보는 시간은 통상 30초 이내라고 한다. 말 그대로 그 분야의 전문가들이므로 불과 몇 십초 만에 자기들이 원하는 사람인지 여부를 판단하는 것이다. 그러므로 레주메에 들어가는 정보는 최대한 간결하고 효율적으로 정리하여 한눈에 확 들어오도록 작성해야 한다. 기본 구성원칙은 Job description에 제시된 전문지식과 기술, 경험 등과 관련하여 본인이 최적의 인재임을 한 장의 레주메를 통해 확실하게 보여주는 것이다.

자신을 최대한 돋보이게 하는 최적의 레주메를 만들기 위해서는 무엇보다 단어 선택이 중요하다. 가급적이면 적극성(Strong action)이 돋보이는 핵심 표현들로 각각의 상황에 가장 적절한 단어들을 사용해야 한다. 같은 표현도 사용되는 단어에 따라서 뉘앙스가 조금씩 다르기 마련이다. 다음의 표는 레주메를 작성할 때 주로 사용되는 핵심 키워드 250개를 정리한 것이다.

지금까지 설명한 레주메 작성 팁과 여기에 정리된 핵심 단어들을 사용하여 최적의 레주메를 만들어 보자. 이제부터가 시작이다!

레주메 작성 시 주로 사용되는 핵심 키워드 250개

accelerated	assessed	condensed	defined
accommodated	assigned	conducted	delegated
accomplished	attained	conferred	deliberated
achieved	augmented	confirmed	described
adapted	authorized	conserved	designated
addressed	boosted	constructed	detected
adjusted	brainstormed	corresponded	determined
administered	categorized	considered	developed
advertised	chaired	consolidated	devised
advised	charted	consulted	diagnosed
advocated	clarified	contracted	directed
aided	classified	contributed	displayed
alleviated	coached	controlled	drafted
allocated	collaborated	converted	eased
altered	collected	conveyed	elevated
amended	combined	convinced	elicited
analyzed	communicated	cooperated	eliminated
appointed	compared	coordinated	emphasized
arbitrated	compiled	correlated	employed
arranged	completed	created	empowered
articulated	composed	customized	enabled
ascertained	conceptualized	debated	encouraged
assembled	concluded	debugged	endorsed

enforced	informed	performed	scheduled
engineered	initiated	persuaded	screened
enhanced	inspected	pioneered	scrutinized
enlisted	installed	polished	searched
ensured	instilled	prepared	settled
envisioned	instituted	prescribed	simulated
established	instructed	presented	solicited
evaluated	integrated	presided	solved
examined	interacted	prioritized	sorted
exceeded	interceded	processed	spearheaded
executed	interpreted	procured	specialized
expanded	intervened	produced	specified
expedited	invented	projected	standardized
experimented	investigated	promoted	stimulated
explored	involved	proposed	streamlined
expressed	judged	provided	strengthened
extended	justified	published	submitted
extracted	launched	rated	substantiated
fabricated	lightened	recommended	succeeded
facilitated	located	reconciled	suggested
finalized	logged	rectified	summarized
focused	maintained	referred	supervised
forecasted	managed	refined	supplied
formulated	maximized	reformed	supported
fortified	measured	regulated	surpassed
fostered	mediated	rehabilitated	surveyed
fulfilled	merged	reinforced	synthesized
furnished	moderated	remodeled	systemized
gathered	monitored	reorganized	tailored
generated	motivated	repaired	trained
handled	negotiated	replaced	transformed
headed	observed	replicated	translated
hosted	operated	reported	transmitted
identified	organized	researched	unified
implemented	oriented	reserved	utilized
improved	originated	resolved	validated
improvised	overhauled	responded	verified
incorporated	oversaw	restored	visualized
individualized	participated	retrieved	
influenced	partnered	reviewed	

한눈에 확 들어오는 영문이력서 샘플

GRANGER FISHER

159 Evergreen Ln., Memphis, TN 38018 | | C: 555.322.7337 | example-email@example.com

Summary

Dedicated Civil Engineer skilled in all phases of engineering operations. Consistently finishes projects under budget and ahead of schedule. Forward-thinking professional familiar with all aspects of construction and commercial and residential planning. Advocates for sustainable infrastructure and green city-planning. Committed to designing environmentally-conscious and cost-effective public infrastructure solutions.

Highlights

- Project management
- Operational analysis
- Technical plan execution
- Water piping design
- Materials management

- Erosion and sedimentation control
- Land development planning
- Strong technical aptitude
- Complex problem solver
- Critical thinker

Experience

Senior Civil Engineer   01/2011 to Current
Nelson Land Development   Memphis, TN
- Mentor and train junior engineers on design of piping systems and sedimentation control processes.
- Plan and direct the execution of technical, economical, and administrative functions, of various projects.
- Oversee technical engineering staff to guarantee the successful completion of the project.
- Write daily detailed reports logging work progress for quality assurance purposes.
- Produce and issue precise technical specifications and data sheets.
- Advise the project manager regarding construction material costs and quantity calculations.
- Write daily detailed reports logging work progress for quality assurance purposes.

Civil Engineer   10/2005 to 12/2010
Public Works Department, City of Memphis   Memphis, TN
- Tested soil to determine the adequacy and strength of concrete, asphalt and steel foundations.
- Computed load and grade requirements and material stress factors to determine design specifications.
- Implemented complex design software and drawing tools to plan and design transportation systems.
- Collaborated with contractors and clients as the on-site engineer for several large public projects.
- Aided other departments in development of plans and cost estimates on road, parking lot, and drainage projects.
- Created detailed public reports regarding bid proposals, deeds, and environmental impact statements.
- Prepared standard engineering computations, surveys and designs.
- Produced and issued precise technical specifications and data sheets.

Education

Bachelor of Science: Civil Engineering   2005
University of Tennessee   Memphis, TN
Recipient of Arthur Michaels Scholarship

Affiliations

American Society of Civil Engineers, Member 2007-Present

Licenses

Licensed and Registered Professional Engineer - Tennessee, Missouri, Arkansas, Kentucky, and Louisiana

Technical Skills

AutoCAD, Civil 3D, MATMAN, HYDSYS, SANSYS, WATSYS, KYPIPE, Microsoft Office Suite

(https://www.livecareer.com/resumes/examples/engineering)

ELECTRICAL ENGINEER SAMPLE RESUME

8870 Ray Street, Bloomington, Santa Monica, CA 90401
(310) 471-3725
polikumar@gmail.com

Electrical Engineer with 7+ years of experience working with blue chip companies in the electrical industry. Primarily focused on implementation of digital systems. Excellent interpersonal and communication abilities, and possess a wide range of technical skills. Enjoys being part of a team, as well as managing, motivating and training a productive team, and thrives in high pressure and challenging working environments.

PROFESSIONAL EXPERIENCE

McHERO PLC New Orleans, LA
Electrical Improver/Supervisor *July 2010 – Present*
- Direct and oversee vendor shop repairs on high voltage motors and equipment to ensure quality; issue repair reports at the conclusion of critical jobs for proper historical documentation; execute equipment maintenance strategies and perform other duties or projects as assigned within budgets averaging $90,000
- Responsible for all aspects of underground work including cable pulling, installing instruments & threaded rod; install CMS, trunking, tray, ladder rack, confine space entry, small power and lighting, terminating and gladding SWA
- Trained and managed five employees, ensuring adherence to safety procedures and maintenance of high quality service standards expected by management
- Diagnose malfunctioning systems, equipment, and electrical parts, via using test equipment to identify the cause of breakdown; fix the problems and connect wires to circuit breakers, transformers and other components within designated schedules

TQL GROUP New Orleans, LA
Electrical Improver/Supervisor *August 2007 – July 2010*
- Planned, drafted, executed, maintained and improved electrical instruments, equipment, facilities, components and systems; controlled computer-aided engineering and designed equipment to perform engineering tasks.
- Examined installations and observed operations to ensure conformance to design and equipment specifications, and provided technical assistance to field personnel in the areas of high voltage distribution equipment and high voltage motors/generators
- Supervised a team of two electricians responsible for cable pulling, tray installation, high level wiring of lights, small power and lighting, making off circuits in dis boards; responded and provided technical assistance to electrical equipment problems within the company-owned facilities

EDUCATION

WESTWOOD COLLEGE Los Angeles
Certificate in Electrical/Mechanical Estimating, June 2007
- Certificate course

HLM COLLEGE Los Angeles
Electrical engineering, June 2003
- Graduated

ADDITIONAL SKILLS

- Assembly, C/C++, MATLAB, Python, Verilog, VHDL, Modelsim/Questa, Quartus, Eclipse, IAR, Visual Studio, Subversion, DxDesigner, Allegro Design Entry, SPICE, Office, Unix, Oscilloscope

(https://resumegenius.com/resume–samples/electrical–engineer–resume–example)

Software Engineer Resume Sample

1632 East Street,
Boston, MA 54223
(212) 204-5645
james.doe@gmail.com · github.com/jamesdoe

Lead Software Engineer with 9+ years of work experience guiding developer teams including coding, testing, and integration. Seeking to leverage proven achievements, working knowledge of Agile methodology, and experience implementing service-oriented (SOA) architectures and web services into the open role at your company. Possess a BS in Computer Science.

PROFESSIONAL EXPERIENCE

SPROUT AND THE BEAN, BOSTON, MA
Lead Software Engineer, September 2012 - Present
- Engineer for Value Based Reimbursement Team utilizing Java and Ruby on Rails
- Developed analytical dashboard to help monitor engineer efficiency with GitHub, Jira, and Crucible API's, increasing team ticket completion rate by 15%
- Decreased load time speeds by 20% after modularizing code and optimizing queries
- Developed features for an inventory management tool using C# / .NET

CHALK STALK, BOSTON, MA
Software Engineer, July 2007 – September 2012
- Designed, developed, and integrated software with test systems hardware for RF test engineering applications.
- Identified tracking errors between app and analytics properties, saving the company $1,500 monthly in lost revenue.
- Wrote over 90 automated tests for Cloud Historian team using the .NET framework
- Supported the design and testing of space systems software in all program phases, from initial design through coding, testing and integration.
- Assisted in the integration testing with other developers and other development teams.

EDUCATION

COWELL UNIVERSITY, Chicago, IL
Bachelor of Science in Computer Science, June 2007
- Graduated Manga Cum Laude
- Designed an SQL Database for staff register

ADDITIONAL SKILLS

- **Software:** Hadoop (HBase, Hive, Nahout, ZooKeeper), Microsoft SQL, Microsoft Visual Studio, CA XCOM, SAS, Source Safe, FAST, Endeca
- **Programming Languages:** JAVA/JSP, ASP, PL/SQL, DHTML, Ruby on Rails, C/C++
- **Hardware:** PCs, SCO Unix OpenServer, Macintosh

CERTIFICATIONS

- Microsoft Certified System Administrator, 2014
- Novell Certified Engineer, 2012

1632 East Street, Boston, MA 54223 (212) 204-5645 james.doe@gmail.com

(https://resumecompanion.com/resume-examples/software-engineer-resume-sample/)

3. 승률을 한층 높여주는 커버레터 작성 전략

커버레터는 자기소개서가 아니다

미국 취업 시 제출하는 지원서류 중에는 'Cover letter(커버레터)'라는 게 있다. 어플라이 때 제출하는 서류는 보통 레주메와 성적증명서, 레퍼런스 리스트, 자격증 사본 등 한 세트의 패키지로 구성된다. 이때 커버레터는 지원서류의 맨 앞에 첨부하는 일종의 앞표지(Cover)역할을 하는 편지(Letter)라고 보면 된다. 우리나라는 취업 시에 통상적으로 이력서와 자소서, 즉 자기소개서를 요구한다. 자소서는 말 그대로 자기를 소개하는 서류이다.

어떤 구직자들은 자소서에 본인이 살아온 삶의 이력과 긴 인생역사를 포함시킨다. 자소서가 아닌 '자소설'이 되는 경우다. 조금이라도 더 감동적인 스토리를 담기 위해 자소서를 대필까지 해 주는 경우도 있다고 한다. 하지만 한 가지 명심할 것이 있다. 미국의 채용담당자는 구직자의 자질구레한 삶의 역사에 그다지 관심이 없다. 그들이 오직 관심 있게 보는 건 지원자의 '업무수행능력'이다. 채용하려는 포지션과 관련되어 어떤 경력과 기술이 있는지, 과연 업무수행을 제대로 할 수 있을지에 포커스를 맞추는 것이다.

커버레터는 자기소개서가 아니다. 커버레터의 주된 목적은 내가 지원하는 포지션에 가장 적합한 사람이라는 것을 각인시켜주기 위함이다. 짧고 간략하지만 커버레터를 통해 강한 인상을 남겨주어 나에 대해 특별한 관심을 갖게끔 만들어야 한다. 핵심은 업무 내용과의 연관성이다. 업무과 관련된 내용이 아니라면 아무리 스토리가 감동적이라 해도 그 뿐, 채용은 하지 않는다. 이런 식의 커버레터는 차라리 쓰지 않느니만 못하다.

모든 곳에서 커버레터를 요구하는 것은 아니다. 커버레터는 필수가 아닌 옵션인 경우도 많다. 이런 경우 커버레터가 없다고 마이너스는 아니지만, 아무래도 있는 편이 낫다. 딸랑 레주메 한 장을 제출하는 것보다 일단 커버레터가 있으면 훨씬 프로페셔널하게 보인다. 기왕이면 다홍치마라고 했다. 커버레터 한 장 추가로 나만의 매력을 발산해보자.

핵심 포인트로 간결하고 인상 깊게 :
커버레터에서 주로 다루어야 할 내용

커버레터에서 주로 다루어야 할 내용은 무엇일까? 커버레터는 너무 짧아도 너무 길어도 안 된다. 한 페이지로 깔끔하게 작성하는 것이 효과적이다. 문단 형식은 크게 세 문단으로 작성하는 것이 커버레터의 일반적인 구조다.

제일 상단에는 Heading이 들어가는데, 이곳에 개인정보를 넣는다. 이름과 주소, 언제든 연락 가능한 전화번호 및 이메일 등을 표기한다. 그리고 나오는 세 개의 문단은 First paragraph(도입), Body paragraph(본문), Closing paragraph(마무리)로 구성된다. 각각의 문단에 들어갈 내용은 다음과 같다.

First paragraph

첫 번째 도입문단에서는 이 커버레터를 쓰는 이유를 밝혀야 한다. 문단의 첫줄은 수신인을 명기하는 것으로 시작한다. 예전에 주로 사용하던 방식은 'To whom it may concern'이나 'Dear Sir' 혹은 'Dear Sir or Madam' 등으로 통용되었다. 요즘도 많이들 사용하는 표현이다. 하지만 이런 식은 해당 관계자를 지칭하는 일반적인 표현들로 상당히 두루뭉술한 느낌이다.

최근의 분위기는 좀 더 명확하게 수신인을 언급해 주는 것을 선호한다. 구체적으로 HR(Human Resources, 인력관리부) 또는 Search

Committee(인사팀), Hiring Manager(고용담당자) 등을 언급하는 것이 보다 적절하다.

예를 들면 'Dear Hiring Manager', 'Dear Human Resources Director', 'Dear Search Committee' 등이다. 간혹 모집요강에 담당자의 이름이 나오는 경우도 있다. 이런 경우는 담당자의 이름을 직접 적어주는 것이 가장 좋다. 훨씬 친근감 있는 표현이기 때문이다.

하지만 담당자를 모르는 경우가 대부분이므로 이 정도로만 언급해도 무난하다. 도입 문단의 핵심은 지원하는 포지션을 정확히 명기해 주고 아주 간략하게 자기소개를 하는 것이다. 현재 소속 및 타이틀, 업무내용을 소개하고 이전 경력이 있다면 어디서 어떤 포지션으로 얼마나 일했는지 간단히 적어준다. 빤한 내용이 아니라면 지원동기를 언급해 주는 것도 괜찮다. 단 뭔가 특별한 내용이어야 한다. 막연한 내용의 목표나 진부한 표현 등은 마이너스가 될 뿐이므로 주의하자.

Body paragraph

두 번째 문단에서는 본인의 전문경력이나 현재 하고 있는 일이 어떤 것인지 간단히 소개한다. 핵심은 지원하는 포지션에서 요구하는 자격요건 및 보유기술, 업무능력과 관련하여 자신이 어떻게 잘 부합되는지를 설명하는 것이다.

일단 전공 및 학위를 밝히고, 어떤 전문기술과 경력을 가지고 있는

지, 프로페셔널 백그라운드를 보여준다. 많이 해봤거나 현재 주로 하고 있는 업무내용 위주로 간략히 정리하면 된다. 단, 반드시 지원하는 포지션과 직접적으로 관련된 것이어야 한다. 아무리 화려하게 정리를 했어도 채용하고자 하는 직무와 연관 없는 일이라면 아무런 관심이 없다.

현재 하고 있는 일이 지원하는 포지션과 별다른 관련성이 없다면 차라리 생략하는 편이 낫다. 아무런 경력이 없는 신입직의 경우라면 학업 위주로 정리한다. 이 경우에도 수강했던 과목이나 리서치 등 본인의 전공과 지원하는 포지션과의 연관성을 찾아서 밝혀주는 게 중요하다. 졸업 전에 인턴십 경험이 있다면 이 또한 적극적으로 활용하자.

Closing paragraph

마지막 세 번째 문단에서는 확실한 자신감을 어필하면서 다시 한 번 지원하는 포지션에 대한 관심과 의지를 표명해 준다. 담당자에게 감사의 표현을 하고, 인터뷰 스케줄링을 위해서 어디로 연락하면 되는지 전화번호나 이메일 주소를 한 번 더 상기시켜 주도록 한다.

마무리는 흔히들 사용하는 'Sincerely', 'Best Regards' 등으로 프로페셔널하게 끝맺으면 된다. 커버레터 작성 전략은 핵심 포인트 위주로 '간결하면서도 인상 깊게' 접근하는 것이다. 보통은 커버레터를 읽은 후에 레주메를 읽을지 여부를 판단한다. 따라서 커버레터는 무엇보다 심혈을 기울여 정성껏 작성해야 한다.

한 장의 커버레터를 통해 채용담당자가 관심을 갖게 만들고, 자연스럽게 레주메로 손이 가도록 유도해야 한다. 가장 큰 목적은 본인의 전문성을 최대한 어필하여 담당자로 하여금 인터뷰를 하고 싶게끔 설득하는 것이다.

커버레터와 레주메는 일종의 미끼이다. 보는 순간 덥석 물도록 만들어야 한다. 어떻게든 구미가 당기게 만드는 것이 핵심전략이다.

마무리 검토 및 피드백은 반드시 네이티브 스피커에게

거듭 강조하지만, 미국 엔지니어는 프로의 세계다. 프로페셔널, 특히 엔지니어의 생명은 '정확성'에 있다. 의사의 과실로 의료사고가 발생하면 환자가 죽을 수 있다. 반면 엔지니어의 실수는 그 이상의 대형 참사로 이어질 수 있다. 보다 편리한 세상을 만들어가는 엔지니어링 분야는 특히 공공의 안전과 관련된 일이 많기 때문이다. 분야에 따른 차이는 있지만, 과거 엔지니어들의 어처구니없는 실수나 부주의로 인한 피해 사례는 쉽게 찾아볼 수 있다.

최악의 원자력 사고로 기억되는 체르노빌 원전사고나 우주왕복선 챌린저호 폭발사고, 콩코드 여객기 추락사고 등은 모두 막을 수 있었던 사고들이다. 그 외에도 수많은 사람들이 사용하는 각종 고층건물이나 교량, 댐 등의 구조물이 엔지니어의 부주의로 붕괴된 사례는 너무도 많다. 자연재해가 아닌 인재人災라고 불리는 이유다.

레주메뿐만 아니라 커버레터 작성에서도 사소한 오탈자 등의 오류를 범하지 않도록 각별히 조심해야 한다. 비유가 다소 과장되었지만, 그만큼이나 실수가 용납되지 않는 곳이 엔지니어의 세계이다. 아무리 잘 만든 커버레터라도 만약 지원하는 포지션이나 회사명 등을 잘못 표기한다면 시작부터 허점을 보여주는 것이다. 주로 비슷한 시기에 비슷한 포지션으로 여기저기 여러 곳에 어플라이 하다보면 이런 실수가 많이 발생한다. 대부분 한번 만들어 놓은 서류를 계속 카피해서 사용하기 때문이다. 그래서 꼭 필요한 작업이 마무리 검토 과정이다.

커버레터 및 지원서류를 작성하고 최종적으로 제출하기 전에 내용상의 오류가 없는지 반드시 확인 작업을 해야 한다. 특히 영어가 모국어가 아닌 우리는 Native speaker(원어민)의 도움을 받는 것이 중요하다. 주변에 도움을 받을 수 있는 원어민을 찾아보자. 네이티브 스피커는 우리와 같은 외국인이 미처 생각지도 못했던 어색한 표현 등을 한방에 찾아낸다.

미국 엔지니어 취업에 탈락하는 한국인의 가장 큰 약점은 다름 아닌 영어다. 엔지니어로서의 업무수행 능력은 현지인들보다 뛰어남에도 불구하고, 그깟 영어 하니 때문에 탈락되는 것이다. 이런 약점을 커버하기 위해서라도 사소한 부분 하나까지 꼼꼼히 확인해야 한다. 혼자서 볼 때는 절대로 안 보이던 오류들도 주변에 부탁하여 크로스 체킹을 하면 발견되기 마련이다.

요즘은 커버레터 작성과 관련하여 쉽게 도움을 받을 수 있는 웹사이트들도 넘쳐난다. 조금만 노력하면 누구나 멋진 커버레터를 작성할 수 있다. 모든 결과물은 노력을 쏟은 만큼 나오기 마련이다. 커버레터 작성의 화룡점정畫龍點睛, 마무리 검토 및 피드백은 반드시 네이티브 스피커의 도움을 받도록 하자.

미국 엔지니어 분야별 커버레터 샘플

Engineering Cover Letter Sample for Civil Engineer Position

Arnold Octants
65, Green Street
Springfield, IL 88622
Telephone: (524) 652-8275
Email ID: arnold_octants@yahoo.com

May 24th, 2011

George Simpson
Human Resource Director
GY Construction
786, Fort Wayne
Dover, DE 52672

Dear Mr. Simpson,

I am writing this letter to response your vacancy published at National Daily News for civil engineering position. I intend to apply as Civil Engineer in your company. I have highly skilled in civil engineering. I attached my resume for your consideration.

I have read your job requirements in the advertisements. I believe that my skills and experiences are suitable with your job requirements. I have worked as Civil Engineer at Peter Incorporation. I was responsible to created and implemented industrial plan; performed statistical analysis for assessing industrial construction strength; provided innovative treatment for reducing environmental pollution; and composed reports. I provided training for new employee in environmental pollution treatment. I have established innovative treatment for environmental pollution for several projects. Other achievements are explained in my resume.

I have the following expertises: environmental risk assessment, survey and mapping analysis, cost evaluation techniques, and disaster friendly construction. I have experienced in using advanced technology for survey analysis. I am proficient with modelling software and applications. I am capable for problem solving; making decision in crucial cases and working in a team. I am able to handle high pressure environments.

I hope that I get chance to meet you for interview session. Do not hesitate to contact me at (524) 652-8275or send information into my email account. Thank you for considering my application.

Sincerely,

Arnold Octants

(http://nardellidesign.com/cover-letters-engineering/5952/cover-letters-engineering-15-civil-letter-sample-for-position/)

John J Jobseeker

123 Success Ave, New York, NY 10017

P: (212) 555-1212 E: john@yahoo.com

February 14, 2020

Mr. Marcos Alvarez

ABC Engineering Corp.

456 Career Ave

New York, NY 10011

Dear Mr. Alvarez:

I am submitting my attached resume for consideration for the Chemical Engineer position you have advertised on Monster.com.

I have all the experience and expertise you have requested in your ad, and have attached a current copy of my resume that will attest to my credentials.

In summary, I have worked as a successful Chemical Engineer for the past four years, for a well known chemical plant XY Chemicals. During my time in this position, I have developed, created and improved thousands of chemical products and processes for the optimum efficiency of the plant. I hope to bring this level of specialized skill, experience and education to your company as a Chemical Engineer.

I have a number of questions to ask of you and would appreciate the opportunity to meet in person and discuss them. I look forward to hearing from you to schedule an interview. Thank you in advance for your time and consideration.

Sincerely,

John J Jobseeker

(http://adriangatton.com/cover—letter—for—chemical—engineer—fresh—graduate.html/
best—solutions—of—unique—sample—cover—letter—for—electrical—engineering—fresh—for—
cover—letter—for—chemical—engineer—fresh—graduate)

Internship Cover Letter Sample for Network Engineer Job

Dennis Brown
763, Main Street
Jackson, MS 77292
Telephone: (772) 827-8872
Email ID: joe_sandy@yahoo.com

January 8th, 2011

Steven Bush
Human Resources Manager
CIO Communication Company
98, Fort Avenue
Manhattan, New York 97672

Dear Mr. Bush,

I am writing to you to show my interest and motivation in participating four month summer internship within your company. I saw your advertisement while I attended network engineering workshop in University of New York.

I recently graduated Bachelor Degree of Computer Science from University of New York. I am so interested in working and learning in the Network Engineering areas. My specializations are LAN/WAN support, hardware/software troubleshooting, technical support, network design and system application software. I was an active student during my study. I have served as chairman of Computer Science Students Association for two years. I have conducted research in terms of system application software.

I have ever followed student exchange program to Germany for six month. I learned about network design and technical support during my student exchange program. I have good communication skills both oral and written. I am able to work with under pressure. Self-discipline is my principal. I am fast learner person and high motivation.

I am sure that I will be useful member of your team in your company. I am very excited to become an intern in your company. I attached my resume for your review. I can be available for interview at your convenience. Thank you for considering my application.

Sincerely,

Dennis Brown

Attachment:

- Resume
- Academic Certificate

(http://tire.driveeasy.co/engineering-internship-cover-letter-examples/internship-cover-letter-sample-for-network-engineer-job-internship.html)

Angela Job

1734 Main Street • New Orleans, LA 77777 • (504) 555-5555 • ajob@hotmail.com

September 8, 2007

Hiring Agent Name, Title
Company Name
Address
City, State Zip

Dear Hiring Manager:

I am writing to express my interest in the position of Drilling Engineer, advertised as being open at this time with your company. I am an experienced Petroleum Industry Measurement and Field Engineering professional, who is skilled in all aspects of drilling optimization, well design and implementation, and operations management. I offer significant skills and experience in the areas of design, failure prevention, safety, and well planning. Now I would like to bring my expertise and knowledge to work for your company.

My ability to work as a team player, meet deadlines under highly stressful conditions, and motivate personnel and teams, together with my penchant for detail, have contributed to my successes in the petroleum industry. I have performed and directed a wide variety of activities, including design and planning of wells, geographical survey analysis, borehole stress and fracture analysis, vibration analysis, drilling optimization processes, and BHA design. As a field engineer I must be manage people and operations, and be able to utilize my skills in science, engineering, and mathematics on a daily basis. I am adept at determining well feasibility, and maximizing production.

I am an effective organizer and planner. My outgoing and friendly nature allows me to interact well with personnel at all levels, and I pride myself on bringing the right measure of enthusiasm into the equation. In addition, I am skilled in working with clients on well pre-planning, and am able to identify and resolve potential issues before physical operations begin.

The accompanying résumé can give you an idea of my potential for making a worthwhile contribution to your company. I believe it may be mutually beneficial for us to meet. I will call your office next week to inquire about the possibility of such a meeting.

Thank you for your time and consideration.

Sincerely yours,

Angela Job

4. 합격을 보증하는 추천인 구성 전략

한국과는 전혀 다른 미국 문화 :
미국 사회에서 레퍼런스가 갖는 의미

미국 엔지니어 취업을 위해서는 우선 미국 문화를 제대로 이해하는 과정이 필요하다. 사람 사는 게 다 거기서 거기이긴 하지만, 오랜 사회적 관습이나 문화는 다른 경우가 많다. 특히 동서양의 문화 차이는 더욱 그렇다. 미국 문화 역시 한국과는 전혀 다른 것들이 많다. 그 중 하나가 미국 사회에서 레퍼런스Reference, 즉 추천인이 갖는 의미이다.

미국에서 레퍼런스란 어떤 일이나 사람에 대해서 증언을 해 줄 수 있는 사람을 뜻한다. 누군가에 대해서 판단할 때 그 사람의 말만 듣는 것이 아니라, 주변인의 증언을 토대로 한 종합적 판단을 내리겠다는 외도이다. 미국에서 레퍼런스는 사회 진반직으로 거의 세도화되어 있다. 취업을 할 때는 물론이고, 심지어 고등학교 졸업 후 대학입학이나 대학원 석박사 과정 진학 시에도 추천서 한 장이 갖는 파워는 실로 엄청나다.

미국 대학들은 학생을 선발할 때 학업성적 외에 많은 것들을 반영한다. 다양한 봉사활동이나 특별활동, Essay(자기소개서), Recommendation letter(추천서) 등 여러 가지를 복합적으로 평가하는 시스템이다.

취지는 공부만 잘하는 학생보다는 리더십이나 사회성 등을 두루 갖춘 학생에게 입학허가서(Admission)를 주겠다는 것이다. 학업성적은 그야말로 각종 평가항목 중 한 가지 요소에 불과하다.

이 중에서 추천서가 차지하는 비율은 학업성적 이상이다. 가령 성적이 상대적으로 좋지 않아도 추천서가 파워풀하면 합격이 가능하다. 지원하는 분야의 전문가나 저명인사, 또는 학교에 다소 영향력 있는(모교에 어느 정도 기부를 하는) 동문의 추천서를 받는다면 거의 합격이라 보면 된다.

추천인이 보증한 학생이므로 레퍼런스를 믿고 합격시켜 주는 것이다. 한국도 취업 시 추천서를 제출하는 경우가 있지만, 미국 사회의 레퍼런스 문화는 그 영향력을 고려할 때 우리와 차원이 다르다.

막판 뒤집기가 가능한 강력한 파워, 추천인의 말 한마디

통상적으로 회사에서 요구하는 레퍼런스는 3명 정도이다. 인터뷰 결과가 마음에 들어 누군가를 뽑고자 할 때 최종 결정을 앞두고 마지막으로 확인하는 것이 Reference check(추천인 확인)이다. 한마디로 다른 사람을 통해 뒷조사(?)를 하는 것이다.

대부분의 회사들은 추천인에게 전화를 걸어 지원자에 대해 이것저것 꼼꼼히 물어본다. 시청이나 카운티 등 로컬 정부나 주정부도 비슷한 과정의 레퍼런스 체크를 한다. 이에 비해 연방정부 공무원의 경우에는 절차가 훨씬 복잡하다. 기본적으로 FBI(Federal Bureau of Investigation, 미연방수사국)를 통한 Security clearance check(신원조회)를 한다. 지원자가 과거에 마약이나 각종 범죄 등에 연루된 기록이 있는지 상세히 조사하는 과정이다. 또한 백그라운드 체크를 위해 그 사람이 과거에 살던 지역을 직접 방문하기도 하고, 레퍼런스 체크 과정에서도 추천인과의 면담을 위해 경우에 따라서 직접 찾아가기도 한다.

국가안보 등 민감한 사항과 관련된 분야일수록 조사는 더욱 철저하게 이루어진다. 당연히 일반회사에 비해 오랜 시간이 소요된다.

나도 미국에서 일하면서 지인들의 레퍼런스 부탁을 종종 받는다. 일반 기업체에서부터 시청 및 주정부, 연방정부 공무원 등 다양한 케이스를 접해 보았다. 레퍼런스 체크 시 이것저것 물어보는 항목도 참으로 다양하다. 지원자와의 관계에서부터, 언제부터 어떻게 알고 지냈는지, 함께 일을 해본 경험, 지원자의 장단점 및 성격 등 디테일한 것까지 하나하나 꼼꼼히 체크한다. Final candidate(최종 후보자)를 선택해 놓은 상태에서 마지막 결정을 위한 최종 확인 과정인 것이다.

이 결정적인 순간에 레퍼런스의 말 한마디 때문에 당락이 결정되는 경우는 비일비재하다. 인터뷰 과정에서 전반적으로는 마음에 드는데 뭔가 2% 부족해 확신이 없을 때, 추천인의 지원사격으로 최종 합격되는 경우를 많이 보았다.

반대의 경우도 적지 않다. 성공적 인터뷰로 거의 합격한 상태라 할지라도 레퍼런스의 결정적인 한마디면 얼마든지 물 건너 갈 수 있다. 미국인들은 레퍼런스 요청을 받았을 때 본인과 그다지 친하지 않은 사이라면 그냥 "잘 모른다."고 아주 솔직하게 대답한다. 최악의 경우는 "No comment"라고 짧게 한마디 던지는 것이다. 그럴 일은 없겠지만, 만약 레퍼런스를 잘못 선정해 이런 응답을 듣게 된다면 그야말로 게임 끝이다.

미국 사회에서 추천인의 말 한마디, 막판 뒤집기가 가능한 강력한 파워임을 잊지 말자.

철저한 신용사회 미국, 추천인도 객관적이고 공정하게 코멘트를 한다

학연과 지연으로 똘똘 뭉친 한국 사회, 처음 만나면 너도 나도 어디 출신인지부터 알고 싶어 한다. 고향과 출신학교는 기본이고, 남자들은 한술 더 떠서 군 생활을 어디서 했는지까지도 항상 나오는 레퍼토리다. 그렇게 서로의 백그라운드를 조사하다 행여 어떻게든 '연'이 닿으면, 급속도로 친해지는 것이 우리 민족이다.

때론 이런 문화가 잘못된 인맥 지상주의로 빠져들어 사회적으로 심각한 문제를 야기하기도 한다. 가뜩이나 좁은 나라에서 학연, 지연, 혈연 등을 따지다 보니 지역감정을 조장해 정치적으로 악용한 사례는 비일비재하다. 많은 이들이 한국에서 청산해야 할 오래된 적폐 중 하나로 인맥 지상주의, 즉 학연, 지연, 혈연으로 똘똘 뭉친 사회적 병폐를 꼽는 이유다.

그렇다면 미국은 어떨까? 레퍼런스가 사회적으로 제도화된 미국 또한 별반 다르지 않다. 미국도 인맥 없이는 살아가기 힘든 사회이다. 앞서 언급했듯, 미국은 대학에 진학할 때부터 추천인을 요구한다. 어쩌면 우리보다 더 심한 인맥 지상주의인지도 모르겠다. 하지만 자세히 살펴보면 우리와 확연히 다른 점이 한 가지 있다. 미국은 그야말로 철저한 신용사회라는 것이다.

기본적으로 사회시스템 자체가 개개인의 신용(Credit)을 바탕으로 돌아간다. 집이나 자동차를 사기 위해 대출을 받을 때는 물론이고, 아파트를 렌트할 때도 신용이 나쁘면 여러 가지로 불이익을 받는다. 전기나 상하수도, 전화 등 각종 공과금에서도 신용에 따른 혜택 및 불이익이 존재한다. 한마디로 미국에서 신용등급이 좋지 않으면 살기가 쉽지 않다. 이런 신용사회에서는 거짓말이나 사기 등으로 한 번

낙인이 찍히면 떨어진 신용도를 회복하기 힘들다.

따라서 레퍼런스의 보증은 상당한 신뢰도를 갖고 있으며, 추천인도 자신의 신용도를 지키기 위해 최대한 노력하는 것이다.

미국에서는 거짓이 쉽사리 통하지 않는다. 우리처럼 검증되지도 않은 사람이 단지 인맥만으로 취업되는 경우는 거의 없다. 소위 말하는 '낙하산'은 찾아보기 힘들다. 우리와 가장 크게 다른 점 중 하나다. 신용사회인 미국에서 신용의 중요성은 두 말하면 잔소리다.

검증되지 않은 누군가를 섣불리 추천했다 잘못되면, 본인의 신용에도 크게 문제가 생긴다. 따라서 누군가의 레퍼런스가 되었을 때 미국인들은 상당히 객관적이고 공정하게 코멘트를 한다. 추천인이라고 해서 결코 호락호락하지 않다. 우리처럼 좋은 게 좋은 거라고 두루뭉술하게 넘어가지 않는다. 한때 "우리가 남이가!"라는 말이 유행처럼 통용되던 한국 사회와는 분위기 자체가 다르다.

당락을 결정짓는 추천인 구성 전략 :
이전 직장 매니저, 지도교수, 동종업계 전문가

미국에서 엔지니어로 취업하기 위해 반드시 필요한 레퍼런스, 앞에서 이야기한 것처럼 신용사회 미국에서 추천인이 차지하는 비중은 학력, 경력만큼이나 중요한 부분을 차지한다. 어쩌면 본인의 이력보다 더 중요할 수도 있다. 그렇다면 취업의 당락을 결정짓는 추천인은 어떻게 구성하는 것이 가장 좋을까?

추천인은 기본적으로 본인의 전문분야와 직접적으로 관련된 사람이어야 한다. 단순히 개인적 친분에 따른 추천인은 신뢰도가 떨어진다. 이직을 하는 경우라면 이전 직장에서 함께 일했던 동료나 매니저가 좋은 레퍼런스가 될 수 있다.

학교를 갓 졸업하고 첫 번째 직장을 구하는 중이라면 상황이 다르다. 이때는 지도교수를 추천인으로 넣는 경우가 가장 일반적이다. 특별히 지도교수가 없다면 가장 집중했던 과목의 담당교수를 레퍼런스로 부탁하면 된다. 왕성한 연구 활동 등으로 이름을 날리는 저명한 교수의 레퍼런스를 받는다면 금상첨화다. 중요한 것은 레퍼런스 리스트로 올리는 추천인과 본인과의 연결고리이다. 단순한 제자나 졸업생이 아닌, 본인만의 어떤 탁월한 부분을 인정해 주는 추천인이어야 한다.

다들 바쁜 세상에 설마 전화까지 걸어서 직접 확인하겠느냐고 말하는 이들이 있다. 미국 문화를 잘 모르고 하는 이야기다. 레퍼런스 리스트가 그냥 형식적으로 제출하는 것이라고 생각하면 큰 오산이다.

몇몇 특별한 경우가 아니라면 대부분은 레퍼런스에게 직접 전화를 걸어 일일이 확인 작업을 한다. 전화가 연결되지 않으면 음성메시지를 남기거나, 가능할 때 전화해 달라고 이메일도 보낸다. 대충 형식적으로 넘기지 않는다. 이런 게 바로 미국 문화다.

어느 정도 경력이 있다면 동종업계 전문가를 레퍼런스로 구성하는 것이 가장 파워풀하다. 함께 어떤 연구나 프로젝트에 참여한 경험이 있다면 좋겠지만 딱히 없어도 괜찮다. 본인이 어느 정도 경력이 있고 논문 등을 낸 실적이 있다면, 동종업계 전문가로서 레퍼런스가 되어주는 경우도 적지 않다.

퍼블리시 된 논문이나 특허 등의 실적만으로도 전문가는 한눈에 전문가를 알아본다. 이런 경우엔 오히려 개인적으로는 특별히 잘 알지 못하는 사람이 추천인이 되었을 때 더욱 신뢰도가 높아진다. 개인적 친분이 아닌, 그야말로 실적만으로 실력을 인정하고 추천해 주는 것이기 때문이다. 당락을 결정짓는 추천인 구성 전략, 최적의 조합은 이전 직장 동료나 매니저, 지도교수, 동종업계 전문가 등으로 골고루 구성하는 것이 가장 좋다.

5. 합격을 결정짓는 통과의례, Job Interview

미국은 취업 시험을 보고 합격하는 것이 아니라, 오직 면접으로 합격을 결정짓는다

미국에서 엔지니어로 취업하기 위해서는 Job interview라고 불리는 면접과정을 반드시 통과해야 한다. 일반 회사는 물론 주정부나 연방정부 등 공무원 포지션도 마찬가지이다. 미국에는 공무원 임용고시가 없다. 특별한 시험이 없기에 인터뷰 자체가 곧 당락을 결정짓는 시험이나 마찬가지인 것이다. 순전히 인터뷰를 통하여 합격 여부가 결정된다. 따라서 인터뷰는 미국에서 취업을 결정짓는 가장 중요한 과정이라고 볼 수 있다.

흔히 미국을 기회의 땅이라고 한다. 열심히 노력하고 실력만 인정받으면, 누구나 성공할 수 있다는 게 증명된 나라다. 미국은 우리처럼 스펙이나 출신학교 등을 크게 따지지 않는다. 기본적으로 실력과 인성 등을 더 중요하게 보는 문화다. 특히 앞서 언급했듯이, 인종이나 피부색, 성별, 나이, 종교 등을 이유로 차별을 두는 것은 아예 연방법으로 금지되어 있다.

사실 미국에서 엔지니어로 취업하는 건 우리 같은 외국인에게 결코 쉬운 길이 아니다. 하지만 그렇게 어려운 길도 아니다. 인터뷰만 잘 준비한다면 충분히 승산이 있는 게임이다. 지금부터는 미국 취업을 위한 필수 과정이자 가장 중요한 관문인 '인터뷰'에 대해서 집중적으로 알아볼 것이다. 미국 엔지니어 인터뷰는 과연 어떤 식으로 진행되는지, 또한 성공적인 인터뷰를 위한 핵심 전략과 가장 많이 등장하는 질문들은 무엇인지 상세하게 소개하고자 한다.

미국 엔지니어 인터뷰 종류 및 진행 방식

미국 취업을 위해 진행되는 인터뷰는 질문 종류에 따라 General interview(일반면접)과 Technical interview(기술면접)로 나눌 수 있다. 제너럴 인터뷰는 주로 전공과 별로 상관없는 일반적인 질문들로 구성된 것이고, 테크니컬 인터뷰는 전공분야 기술적 질문을 통하여 지원자의 전문기술을 확인하는 과정이다. 회사 규모나 특성에 따른 차이는 있지만, 보통 인터뷰를 할 때는 일반면접과 기술면접 구별 없이 2가지 질문들을 섞어서 동시에 진행되는 경우가 많다.

인터뷰 진행 방식에 따라서는 온라인 인터뷰와 현지(Onsite) 인터뷰로 구분할 수 있다. 온라인 인터뷰는 대부분 장거리일 경우에 전화나 Skype, WebEx 등의 화상통화로 진행하는 방식이고, 온사이트 인터뷰는 회사를 방문하여 채용담당자와 직접 대면하는 인터뷰를 뜻한다. 지원자가 사는 곳이 회사와 멀지 않다면 별도의 온라인 인터뷰 없이 온사이트 인터뷰를 진행하기도 하지만, 다른 주 등 거리가 먼 경우엔 먼저 온라인으로 인터뷰를 하는 게 통상적이다.

미국 취업을 위한 일반적인 절차를 다시 한 번 설명하면 다음과 같다. 우선 취업하고자 하는 포지션에 레주메나 성적증명서 등 지원서류를 첨부하여 어플라이 한다. 회사에서는 지원서류를 바탕으로 인터뷰 후보자를 선택한다. 앞서 무조건 통과해야 한다고 강조했던 '1차 스크린' 과정인 것이다.

1차 스크린은 레주메 한 장으로 판가름 난다. 그만큼 레주메가 중요하다. 다시 한 번 말하지만, 1차 스크린 통과 확률을 조금이라도 더 높이기 위해서는 반드시 지원하는 포지션에 꼭 맞는 맞춤형 레주메가 필요하다.

일단 1차 스크린을 통과하면 채용담당자로부터 인터뷰를 하고 싶다는 연락을 받게 된다. 회사 규모나 시스템에 따라 다소 차이는 있으나, 보통은 이메일을 통해 먼저 연락이 온다. 때론 직접 전화를 걸어오는 경우도 있다. 목적은 인터뷰 날짜와 시간을 잡기 위함이다.

지원한 회사가 가까운 지역인 경우, 대개 전화로는 간단히 몇 가지만 확인하고 곧바로 온사이트 인터뷰 날짜를 예약한다. 하지만 다른 주 등 거리가 멀리 떨어진 경우에는, 주로 전화나 Skype, WebEx 등의 화상통화를 이용한 1차 온라인 인터뷰를 진행한다.

만약 1차 온라인 인터뷰에서 좋은 성과를 거두면 직접 회사로 방문해 달라는 요청을 받게 되는데, 이 과정이 바로 2차 온사이트 인터뷰다. 이 과정도 회사의 규모나 방침에 따라 다소 차이는 있으나, 많은 경우 회사에서 현지 방문에 필요한 여행경비 일체를 제공해 준다.

비행기 티켓은 물론, 숙박비 및 식비 등도 포함된다. 굳이 이렇게까지 하면서 지원자를 초대하는 이유가 무엇이겠는가? 당연히 1차 인터뷰 결과가 마음에 들었기 때문이다. 직접 대면해보고 특별한 하자만 없다면 곧바로 채용하고 싶다는 의미인 것이다.

1차 온라인 인터뷰 후 2차 온사이트 인터뷰 요청을 받았다면, 거의 정상 바로 아래까지 다가선 것이다. 온사이트 인터뷰는 1차 온라인 인터뷰와 달리 직접 만나서 얼굴을 대면하고 하는 것이기 때문에 좀 더 신경 쓸 것이 많다. 그럼 이제부터 성공적인 인터뷰를 위한 핵심 전략과 인터뷰에서 가장 많이 등장하는 질문들은 무엇인지 차근차근 살펴보도록 하자.

성공적인 인터뷰를 위한 8가지 핵심 전략

막상 여기저기 어플라이를 하고 나서 기다리다 보면 깨닫게 될 것이다. 부푼 기대와는 달리 레주메와 입사지원서 제출 후 회사로부터 아무런 연락도 못 받는 경우가 다반사이다. 신입직의 경우에는 말할 것도 없고, 경력직조차도 인터뷰 요청이 오는 경우는 생각보다 흔치 않다. 정말 대부분은 아무런 연락조차도 없다. 종종 어플라이와 동시에 서류가 잘 접수되었다는 이메일이 오는 경우가 있는데, 그건 그냥 자동응답 이메일일 뿐이다.

한국이든 미국이든 경험해 본 사람들은 누구나 공감할 것이다. 입사지원을 끝낸 순간부터는 그야말로 하루하루가 기다림의 연속이다. 언제 어느 때 전화나 이메일 어느 쪽으로 연락이 올지 알 수 없는 상황에서, 목이 빠지게 연락이 오기만 기다린다. 하루에도 몇 번씩 이메일을 체크하는 건 기본이고, 혹시라도 부재중 전화가 오진 않았는지 습관적으로 확인하게 된다.

하지만 아무리 기다려도 연락이 오지 않는 경우가 대부분이다. 어쩌다 뒤늦게 받은 이메일은 허무하게도 불합격 통보일 때가 많다. 대개 이런 식이다.

"우리 회사에 지원해 주셔서 감사합니다. 보내주신 레주메를 꼼꼼히 검토해 본 결과, 귀하의 훌륭한 백그라운드와 경력에도 불구하고 우리 회사에 보다 더 적합한 지원자를 찾게 되었습니다. 귀하의 관심에 다시 한 번 감사드리며 다음 기회에 함께 할 수 있기를 기대합니다."

아무 곳에서도 인터뷰 요청을 못 받았다고 해서 쉽사리 낙심하거나 포기하진 말자. 연락이 올 때까지 끈질기게 여기저기 두드려보는 노력이 필요하다. 두드리면 열린다고 하지 않았던가. 포기하지 말고 열릴 때까지 두드려야 한다. 예외는 없다. 나도 똑같은 과정을 거쳤다. 미국에서 학위를 받고 처음으로 취업할 당시, 부푼 기대와 설레는 맘으로 미국 전역에 걸쳐 100군데가 넘게 지원했었다. 하지만 기대했던 것과는 달리 인터뷰 요청이 들어온 곳은 고작 서너 곳에 불과했다. 미국 내 실무경력이 없는 상황에서는 미국 엔지니어로 취업하기가 쉽지 않다는 방증이다.

인정하기 싫지만 현실을 직시해야 한다. 아무리 전공분야 학위를 가지고 있어도, 우리는 일단 영어가 모국어가 아닌 외국인 신분이다. 또한 석사나 박사 등 고학력자의 경우에도 이런 사례는 얼마든지 찾아볼 수 있다. 그러므로 아무런 연락이 없다고 해서 절대 기죽지 말자. 실망할 필요도 없다. 과정일 뿐이다. 그저 남들이랑 똑같은 과정을 겪고 있는 중이라고 받아들이면 된다.

각고의 노력 끝에 회사로부터 인터뷰 요청을 받게 되면, 일단 첫 번째 관문을 무사히 통과한 것이다. 한마디로 당신이 던진 미끼를 덥석 문 것이다. 이제는 그야말로 모든 정성과 스킬을 최대한 발휘하여 조심스럽게 낚아 올릴 일만 남았다.

인터뷰 단계에서는 보통 3배수에서 5배수 정도의 후보자를 선택해 연락하는 것이 통상적이다. 따라서 인터뷰 요청을 받았다는 것은 사실 7부 능선을 넘은 것이나 마찬가지다. 인터뷰만 성공적으로 마치면 꿈에 그리던 미국 엔지니어 취업에 성공하는 것이다.

이제부터가 실전이다. 호흡을 가다듬고 차분히 다음 단계를 준비하자. 여기에서 다루는 8가지 인터뷰 핵심 전략은 성공적인 인터뷰를 통해 고지에 도달하는 이정표가 될 것이다.

조사하고 또 조사하여 그 회사에 대한 모든 정보를 다 캐내야 한다

성공적인 인터뷰는 지원하는 회사나 포지션에 대한 충분한 배경지식으로부터 시작된다. 일단은 모집요강에 해당하는 Job description 내용들을 하나하나 충분히 숙지하도록 하자. 한 문장 한 문장 꼼꼼히 읽어봐야 한다. 약간이라도 의문이 드는 내용이 있다면 철저히 조사하여 확실하게 이해해야 한다. 핵심은 회사에서 필요로 하는 엔지니어의 요구조건이 어떤 것들인지를 정확히 간파하는 것이다. 상대가 가려워하는 곳을 정확히 알아야 제대로 긁어줄 수 있을 것 아닌가!

또한 지원하는 회사의 홈페이지나 인터넷 기사 검색 등을 통하여 조직구성도 및 주요 프로젝트 수행 실적을 파악해 두자. 이렇게 열심히 조사하다 보면 회사의 관심분야 및 필요로 하는 엔지니어의 요구조건 등을 자연스럽게 알게 될 것이다.

한편 자료조사 중에 특정 프로젝트 수행실적 등 관심이 가는 내용들이 있다면 따로 잘 정리해 두자. 그 중 한두 개 정도 선택하여 인터뷰 때 관심 있게 물어보는 것도 좋은 전략이다. 또한 가능하다면 주변의 인맥 네트워크를 최대한 활용하도록 하자. 지원하는 회사나 함께 일하게 될 팀의 분위기 등을 미리 파악할 수 있다면 여러 가지로 많은 도움이 된다. 때로는 회사에서 직접 인터뷰를 하게 될 사람들(Interview panel)이 누구인지 미리 알려주는 경우도 있다. 어떤 경로로든 인터뷰 패널의 프로파일을 미리 파악할 수 있다면 이 또한 상당한 도움이 된다. 면접관들의 전공이 무엇인지, 주로 어떤 프로젝트를 수행했는지, 관심 있는 분야가 무엇인지 등을 사전에 파악하는 것이다. 인터뷰를 준비할 때 정확히 포커스를 맞추기 위함이다.

인터뷰 때 어느 특정한 토픽에 대해서 면접관과 서로 이야기가 통하다보면 자연스럽게 좋은 분위기를 유도할 수 있다. 면접관 입장에서도 지원자의 관심분야가 본인의 커리어와 같다면 아무래도 호감이 갈 수밖에 없다. 지피지기면 백전백승이라고 했다. 할 수 있는 한 최선을 다해 조사하고 또 조사하자. 정보는 많이 캐낼수록 좋다.

예상질문 및 답변 시나리오를 작성하라

지원하는 회사와 포지션에 대한 충분한 사전조사를 마쳤으면 일단 몸 풀기는 끝난 것이다. 이제부턴 실제 전투에 필요한 총알을 장전할 차례이다. 인터뷰는 방식에 따라 약간씩 차이가 있다. 보통 1차 인터뷰에 해당되는 전화 인터뷰의 경우에는 1대1 인터뷰가 될 수도 있고, 컨퍼런스 콜을 통한 그룹 인터뷰 방식으로 진행될 수도 있다. 반면 최종 인터뷰라고 할 수 있는 온사이트 인터뷰의 경우에는 대부분 여러 명을 만나야 하는 그룹 인터뷰 방식이다. 또한 인터뷰 종류가 실제로 같이 일을 하게 될 팀원이나 매니저와의 테크니컬 인터뷰인지, 아니면 HR(인사팀)과의 제너럴 인터뷰인지도 미리 알 수 있으면 많은 도움이 된다. 이런 정보는 인터뷰 요청을 받고 날짜나 시간 등을 서로 컨펌하는 과정에서 살짝 물어보면 알려주기도 한다.

인터뷰 종류 및 인터뷰 패널에 따라 예상 질문 또한 다르다. 실무자들과의 테크니컬 인터뷰 시에는 당연히 전공 분야의 배경지식 및 전문 경력 위주로 인터뷰를 준비해야 한다.

만약 HR에서 진행하는 제너럴 인터뷰의 경우에는 전공 내용보다는 본인의 캐릭터에 관련된 일반적인 내용을 주로 다루게 될 것이다. 각각의 상황에 맞는 전략을 세워야 한다. 그러므로 사전에 인터뷰 방식 및 인터뷰 패널 정보를 파악하는 것은 예상 질문 및 답변 시나리오를 작성하는 데 반드시 필요하다.

인터뷰 방식이 파악되었으면 곧바로 예상 질문 리스트를 작성하고, 각각의 질문에 대해 하나하나 모범답안을 준비해야 한다. 인터뷰 때 실전에서 당황하지 않도록 예상 실문 및 답변 시나리오를 준비해 충분히 익숙해지도록 연습하는 게 핵심이다. 예상 질문 및 답변에 대한 아이디어는 지원하는 회사나 포지션에 대한 사전조사가 제대로 이루어졌다면 큰 무리 없이 준비할 수 있다.

인터뷰를 여러 번 경험하다 보면 자연스레 알게 될 것이다. 제너럴 인터뷰의 경우에는 특히, 자주 등장하는 인터뷰 질문들이 거의 정해져 있다. 이와 관련해서는 다음 절에 소개되는 〈가장 많이 등장하는 인터뷰 질문 Top 7, 성공적 답변 전략〉 파트를 참조하도록 하자.

예상 질문 및 답변 시나리오를 작성한 후에는 인터뷰 직전까지 충분히 익숙해지도록 노력해야 한다. 굳이 답변을 달달 외울 필요까지는 없다. 다만 반복된 연습으로 실전에서 당황하지 않고 자연스럽게 답변할 수 있게 철저히 대비해야 한다.

연습을 할 때는 질문과 답변을 소리 내서 반복해 읽어보는 것이 효과적이다. 내 경험상 가장 좋은 방법은 레코딩을 통하여 자신의 목소리를 직접 들어보는 것이다. 막상 목소리를 녹음하여 들어보면 처음엔 많이 어색하다. 그러나 녹음된 내용을 제3자의 입장에서 듣다보면 자신의 문제점을 확신하게 파악할 수 있다. 말하는 속도가 너무 빠르거나 느리진 않은지, 또 어느 부분에서 발음이 불명확한지 등 미처 생각지 못했던 부분들이 발견된다. 부족한 부분을 계속 고쳐나가면서 다시 녹음하고 듣기를 반복하자.

이런 방법으로 연습을 반복하면 예상 질문이 튀어나왔을 때 준비된 답변으로 자연스럽게 응대할 수 있다. 그러나 제대로 준비가 안 된 상태에서 인터뷰를 한다면 일단 긴장부터 하게 된다. 누구나 경험이 있을 것이다. 떨리고 긴장되면 머릿속이 하얗게 되고 평소에 늘 사용하던 단어들도 생각이 나질 않는다.

명심하자. 철저히 준비하면 실전에서 결코 떨리지 않는 법이다. 예상 질문 및 답변 시나리오를 작성하여 철저히 준비하자.

최소한 한두 번이라도 반드시 모의 인터뷰를 해보자

모의 인터뷰(Mock interview or Practice interview)는 말 그대로 실전에 응하기 전에 모의로 연습하는 인터뷰를 뜻한다. 모의 인터뷰의 최대 장점은 전문가들로부터 인터뷰 과정 전반에 대한 피드백을 받을 수 있다는 것이다.

답변에 응하는 태도나 표정, 자세, 목소리 톤, 발음 등 자신의 부족한 부분에 대해 디테일한 평가를 받을 수 있다. 뿐만 아니라 몇 번의 모의 인터뷰를 경험하다 보면 인터뷰라는 행위 자체에 익숙해져 실전에서 긴장하는 것을 상당 부분 피할 수 있다.

대부분의 미국 대학들은 커리어센터를 운영하고 있다. 기회가 된다면 대학의 커리어 카운셀러를 통하여 모의 인터뷰를 신청할 수 있다. 또한 온라인에는 각 분야별로 모의 인터뷰 서비스를 제공하는 전문 카운셀러들을 손쉽게 찾을 수 있다.

전문 카운셀러를 통한 모의 인터뷰 신청을 할 경우에는 사전에 최대한 많은 정보를 제공하는 것이 중요하다. 본인의 전공 및 경력사항은 물론이고, 어플라이한 회사와 포지션, Job description 정보 등을 보내줘야 한다. 모의 인터뷰 진행방식 및 수준은 실제 인터뷰와 거의 비슷하다. 인터뷰 전 과정은 비디오로 레코딩을 해 꼼꼼한 피드백과 함께 돌려준다. 실제로 녹화된 본인의 인터뷰 과정을 리뷰하다 보면 고쳐야 할 부분들이 보일 것이다. 자신의 목소리나 발음, 말하는 속도, 표정, 독특한 손동작 등 인터뷰를 할 때는 전혀 자각하지 못했던 어색한 부분들이 보이게 된다.

개인마다 가지고 있는 특유의 말투나 습관, 긴장했을 때 자신도 모르게 나오는 제스처 등이 있기 마련이다. 모의 인터뷰는 이렇게 부족한 부분들을 미리 캐치하여 고칠 수 있는 좋은 기회이다. 본인의 인터뷰가 녹화된 동영상을 리뷰한다는 것 자체가 상당히 어색하긴 하지만, 이 과정은 제3자의 입장에서 스스로를 객관적으로 평가할 수 있는 가장 좋은 방법이다. 모의 인터뷰 피드백에서 전문가들이 짚어주는 부분들 위주로 보완하며 연습해보자. 이 방법이 가장 좋은 인터뷰 연습이었음을 분명 인정하게 될 것이다.

나도 졸업하기 전에 학교에서 모의 인터뷰를 경험하는 기회가 있었다. 돌이켜보면 이 방법이 실전에 정말 많은 도움이 되었다. 다시 한 번 강조하지만 모의 인터뷰는 실전을 위해 가장 좋은 연습 방법이다. 어떻게든 기회를 만들어 보자. 최소한 한두 번이라도 반드시 모의 인터뷰를 경험해 보길 강력 추천한다.

기본 중의 기본, 프로페셔널 드레스 코드 :
면접 복장 또한 비공식적 채점항목이다

간혹 미국에서도 한국처럼 인터뷰 때 복장에 신경을 써야 하는지 질문하는 경우를 본다. 반드시 정장을 갖춰 입어야 하는 건지, 미국 문화에서는 오히려 캐주얼한 복장이 자연스러운 게 아닌지 궁금해 한다. 자유분방한 미국 문화에서는 복장이나 외모에 그다지 신경을 쓰지 않아도 되는 것으로 오해하고 하는 질문이다.

물론 회사에 특별한 Dress code(복장에 대한 규정)가 없는 경우라면 평상시 근무할 때 편한 청바지에 티셔츠 차림으로 출근하는 경우를 흔히 접할 수 있다. 심한 경우, 여름철엔 심지어 반바지에 샌들 차림도 볼 수 있다. 당연히 우리나라 직장인의 정서로는 쇼킹할 만하다. 하지만 이렇게 자유로운 직장문화에 익숙한 미국인들도 상황에 따라 복장이 완전히 달라진다. 컨퍼런스나 세미나, 인터뷰 등의 공식적인 자리에서는 프로페셔널하게 제대로 차려입는 것이 상례이다.

평상시에 찢어진 청바지나 슬리퍼 차림의 자유분방한 대학생들도 마찬가지다. 대학에서 강의를 하며 많이 보았다. 그렇게 편한 복장으로 다니던 학생들이 인터뷰나 프레젠테이션 등이 있는 날에 어떻게 변신하는지. 불과 15분 정도의 짧은 발표를 위하여 정장에 넥타이를 매고 깔끔하게 변신하여 나타난다. 여학생들은 메이크업까지 하고 나타나는 경우도 보았다. (미국학생들은 한국 여대생들과 달리 평상시 화장을 거의 하지 않는다.)

물론 교수 입장에서는 외모나 복장이 아닌 프레젠테이션 내용으로 점수를 주는 것이 맞다. 하지만 외모에서부터 이렇게까지 신경을 쓰는 노력과 정성이 조금이라도 플러스 요인으로 작용하는 것은 부인할 수 없다. 아무런 생각 없이 평상시 모습 그대로 임하는 학생들에 비해 아무래도 플러스 알파가 작용하게 된다.

이처럼 미국인들은 어려서부터 평상시 모드와 공식석상 모드를 확실히 구분짓도록 교육받는다. 특히 공식석상에서의 에티켓은 미국 문화의 중요한 부분을 차지한다. 이런 미국 문화에서 인터뷰 때 프로페셔널한 복장은 그야말로 기본 중의 기본이다. 따라서 인터뷰 때는 최대한 제대로 준비하여 첫 만남에서부터 확실하게 전문가다운 인상을 심어주어야 한다. 뭘 그렇게까지 신경을 써야 하나 할 수도 있으나, 당연히 잘 갖춰 입는 것이 그렇지 않은 것보다 훨씬 낫다.

하지만 너무 화려한 복장이나 특히, 여성의 경우 과한 액세서리나 쥬얼리 등은 피하는 것이 좋다. 과유불급過猶不及이라고 했다. 뭐든지 지나친 것은 안 하느니 못한 법이다. 핵심은 프로페셔널한 이미지를 심어주는 것이다. 인터뷰에 임하기 전 양치나 가글은 기본. 냄새나는 음식을 먹거나 담배를 피우지 않는 것도 두 말하면 잔소리다. 프로페셔널 드레스 코드는 기본 중의 기본이다. 면접 복장 또한 비공식적 채점 항목임을 잊지 말자.

미리 도착하여 차분히 마음의 준비를 하자

한번 상상해보자, 인터뷰 당일 지각을 해서 허둥지둥 뛰어 들어오는 지원자의 모습을. 지각한 사정이야 얼마든지 있겠지만, 과연 면접관이 접하게 될 첫인상은 어떨까? 이유를 불문하고 십중팔구 안 좋은 인상으로 시작하게 될 것이다. 지원자 또한 인터뷰 시간에 늦어 허둥지둥 서두르다보면 더욱 초조해지기 마련이다. 이렇게 불안해진 심리상태로는 실전에서 그동안 열심히 준비하고 연습했던 내용의 반도 보여주기 어렵다. 그렇다고 해서 인터뷰 장소에 너무 일찍 도착할 필요는 없다. 보통 15분 전에 도착하여 차분히 마음의 준비를 하는 것이 가장 좋다.

새로운 장소에서 새로운 사람들을 만난다는 것은 그 자체로도 설레는 일이다. 하물며 인터뷰라고 하는 중대사를 앞두고 있을 땐 더욱 긴장되기 마련이다. 긴장을 풀어주기 위해서라도 처음 만나는 사람들과 미소 띤 얼굴로 인사를 나누어보자. 가볍게 인사하며 한두 마디 대화를 나누다보면 긴장완화에 많은 도움이 될 것이다.

Reception desk(안내데스크)에서 정해진 인터뷰 장소로 안내를 받을 때에는 근무환경도 조금씩 살펴보자. 화장실에도 잠깐 들러서 용모를 한 번 더 점검하고, 심호흡으로 긴장을 풀어주도록 한다. 제출한 레주메도 예비용으로 몇 부 더 준비하고, 간단한 필기구를 지참하여 항상 준비된 모습을 보여주자.

지극히 당연한 잔소리지만 휴대폰을 미리 꺼두는 것은 기본 중의 기본이다. 만약 인터뷰에 지각해서 허둥대다 보면 이렇게 당연한 기본사항도 놓치는 경우가 종종 발생한다.

인터뷰 당일은 현장에 미리 도착하여 호흡을 가다듬으며 차분히 마음의 준비를 해야 한다. 교통편 등 언제나 변수는 발생할 가능성이 있으므로 출발할 때부터 충분히 여유시간을 갖도록 하자. 무엇보다 마음이 안정되어야 제대로 실력을 발휘할 수 있다.

명심하라, 첫인상이 승패를 좌우한다

첫 만남에서 첫인상이 주는 영향은 생각보다 크다. 특히 새로운 직장을 구하기 위한 첫 만남인 인터뷰의 첫인상이 차지하는 비중은 더욱 중요하다. 오랫동안 수많은 인터뷰를 해온 전문가들에 의하면, 지원자들을 처음 만나 서로 인사하는 순간부터 이미 당락의 느낌이 온다고 한다. 한마디로 첫인상이 승패를 좌우할 수 있다는 이야기다.

많은 경우 처음 대면하는 순간부터 이미 지원자에 대한 평가가 시작된다고 한다. 그러므로 눈빛과 표정, 걸음걸이 등 기본적인 용모와 태도는 물론이고, 말투나 강세 등 여러 가지 측면에서 반드시 좋은 인상을 심어주도록 각별히 신경 써야 한다. 아무런 생각 없이 튀어나오는 평상시 행동이나 사소한 습관이 당락을 결정짓는 요인으로 작용할 수 있음을 잊지 말자.

여기서 한 가지, 미국인들의 인사 문화를 제대로 이해할 필요가 있다. 대표적인 것이 바로 'Firm and strong handshake'라고 불리는 악수 방법이다. 미국인들은 악수를 할 때 손에 힘이 많이 들어간다. 우리나라 사람들끼리 악수할 때랑 비교해보면 확연한 차이가 난다.

나의 경우, 직업 특성상 여기저기 다양한 현장들을 돌아다니며 여러 사람들을 만나곤 하는데, 그러다보니 평소에도 정말 많은 악수를 하게 된다. 이제는 많이 익숙해져 있지만, 처음엔 상대방이 내 손을 너무 꽉 잡는다 싶어 어색할 정도였다. 물론 아픔을 느낄 정도로 세게 잡는 것은 아니다. 하지만 미국에선 정말 상대방의 힘이 확실하게 느껴지도록 손을 꽉 잡고 악수를 하는 것이 일반적인 관례이다.

여성의 경우에는 남성들에 비해 힘이 다소 약하게 들어가긴 한다. 그래도 어느 정도 상대방이 주는 만큼의 힘은 같이 주어야 제대로 된 악수 방법이라 할 수 있다. 이렇게 손에 힘이 들어간 악수를 함과 동시에 눈을 맞춘(Eye contact) 상태에서 나누는 인사가 미국의 전형적인 인사 방법이다. 손에 힘이 들어가는 이유는 상대방에 대한 신뢰와 자신감을 보여주는 의미라고 한다.

이야기할 때 눈을 맞추는 아이 컨택은 평소에도 꼭 지켜야 할 에티켓 중의 하나이다. 만약 첫 만남에서부터 정확한 아이 컨택을 못하고 시선을 피한다면 상대방이 어떤 느낌을 받겠는가. 특히 악수할 때 손에 힘이 거의 없거나, 손가락 부분만 살짝 잡는다면 자신감이 결여되어 보일 것이다.

한때 트럼프 대통령의 독특한 악수 방법이 화제가 된 적이 있다. 미국인들에게 있어서 제대로 된 악수 방법은 비즈니스 에티켓 중의 하나이다. 로마에 가면 로마법을 따르라고 하지 않던가. 미국 엔지니어로 진출하기 위해선 이렇게 사소한 부분 하나까지도 꼼꼼히 신경 써서 프로페셔널리즘을 제대로 발휘하는 노력이 필요하다. 명심하자. 첫인상이 승패를 좌우한다.

최종 승부는 프로페셔널리즘으로 : 멋지게 나를 판매하자

인생을 살다보면 누구나 삶의 항로를 결정짓는 중요한 순간들을 만나곤 한다. 학창시절 경험했던 입학시험이나 각종 자격증시험, 고시 등 여러 가지 시험이 대표적인 경우이다. 평상시 노력이 짧은 순간에 결과로 나타나는 게 시험이라는 과정이다.

시험 당일 컨디션이 안 좋아 평소 실력을 제대로 발휘하지 못한 경험이 있는가? 그야말로 공든 탑이 한 순간에 무너지는 낭패로 기억될 것이다. 오랜 기간 준비하던 시간에 비하면 실전이란 정말 짧은 순간에 불과하다. 평상시 꾸준히 훈련하고 내공을 쌓는 과정도 중요하지만, 결국 승패는 실전에서 결정되기 마련이다.

인터뷰도 마찬가지다. 인터뷰 요청을 받았다는 것은 이미 7부 능선을 넘었다는 의미다. 고지가 눈앞에 보이는 상황이다. 지금까지 많은 시간과 노력을 투자해 열심히 준비했기에 마지막 결정의 순간까지 오게 된 것이다.

이제 짧은 인터뷰라는 과정을 통하여 그동안 힘겹게 준비해 온 목표의 달성 여부가 결정이 나는 것이다. 다시 한 번 마음을 가다듬고 최상의 컨디션으로 인터뷰에 임하자. 차분히 연습한대로만 하면 된다. 열심히 준비하면 떨리지 않는다. 외국인이라고, 영어에 자신 없다고 쫄지 말자. 당당하게 끝까지 자신 있는 모습을 보여주는 것이 중요하다.

면접관들은 레주메에 정리된 당신의 커리어가 마음에 들어서 연락한 것이고, 특별히 큰 하자만 없다면 뽑고 싶어 할 것이다. 물론 몇 명의 경쟁자들은 있기 마련이다. 그러므로 나만의 개성과 장점으로 최대한 멋지게 나를 판매해야 한다. 남들과 같아서는 굳이 당신을 뽑아줄 이유가 없다.

인터뷰를 마친 후에도 면접관들에게 확실한 인상을 심어줄 수 있는 나만의 뭔가가 있어야 승산이 있다. 예를 들어 인터뷰 때 반드시 나오는 마지막 질문은 "Do you have any questions for us?"이다. 이때가 마지막으로 강한 인상을 심어줄 수 있는 절호의 찬스다. 최악의 답변은 "I don't have any questions"이다. 이 대답은 다시 말하면 "이 회사에 별로 관심 없어요."라는 의미와 마찬가지다. 미리 준비된 답변으로 소중한 마지막 찬스를 놓치지 말고 강한 인상을 남기도록 하자.

성공적인 인터뷰를 위해서는 어느 정도 쇼맨십이 필요하다. 인터뷰는 기본적으로 'Show business'에 가깝다. 굳이 비유하자면 정치인들이 선거철마다 쇼맨십을 발휘하여 유권자를 설득하는 과정과 일맥상통한다고 볼 수 있다.

한 표라도 더 얻기 위하여 그들이 어떤 행동과 언변으로 유권자를 설득하는지는 많이들 보았을 것이다. 정치인의 일거수일투족은 아무 의미 없이 나오지 않는다. 대부분은 사전에 철저히 계산되고 준비된 것들이다. 연설문의 경우엔 Speech writer(연설 초고 집필자)라는 전문가들의 손을 거쳐서 철저하게 준비되고, 사소한 제스처나 농담 하나까지도 미리 준비된 경우가 많다. 그야말로 프로페셔널인 것이다.

정말 사소한 것 하나까지도 꼼꼼하게 체크하고 몇 번씩 검증하는 이런 모습이 프로페셔널리즘이다.

성공적인 인터뷰를 위해서는 이런 프로 정신에 바탕을 둔 쇼맨십이 필요하다. 예를 들어 바디랭귀지는 상대방을 설득할 때 사용되는 효과적인 수단 중 하나이다. 중간 중간 적절한 제스처와 아이 컨택, 목소리의 강약 조절 등으로 어필 효과를 한층 높일 수 있다. 주어진 질문에는 하나하나 또박또박 자신감 있게 대답하자. 일반적인 질문 (General questions)에는 나만의 개성 있는 캐릭터로 가급적 좋은 인상을 심어주도록 한다.

반면 전공분야 질문(Technical questions)에는 눈빛부터 달라질 필요가 있다. 최대한 전문가답게 응대하여 확실한 신뢰감을 구축해야 한다. 또한 인터뷰 중간 중간 커리어에 대한 강한 열정을 보여주어 면접관들이 나를 놓치고 싶지 않도록 만들어야 한다. 한마디로 그들이 나를 구매하도록 나를 판매하는 과정이 인터뷰인 것이다.

사람에 따라 간혹 긴장하면 자신도 모르게 나오는 행동들이 있는데 (말하면서 다리를 떤다든지, 반복적으로 머리손질을 한다든지 등) 이런 행동이 나오지 않도록 각별히 유념하자. 아무 생각 없이 보여준 사소한 행동들이 당락을 결정하는 요소로 작용할 수도 있다. 최종 승부는 프로페셔널리즘에서 나온다. 멋지게 나를 판매하자.

성공적 인터뷰의 깔끔한 마무리 :
면접 후 24시간 이내에 Thank-you note를 보내자

여러 가지 미국 문화 중 대표적인 것 하나가 '땡큐' 문화이다. 실제 미국에서 살다보면 단 하루라도 '땡큐'라는 말없이는 생활이 불가능할 정도로 여기저기서 수없이 땡큐를 남발한다. 상점 같은 곳은 말할 것도 없고, 직장에서 동료들과 간단하게 몇 마디 주고받는 과정에서도 대부분의 대화는 거의 습관적으로 '땡큐'로 마무리된다. 또한 생일파티를 포함한 각종 모임, 가령 Baby shower(출산을 앞둔 임산부를 위한 파티), Housewarming party(집들이) 등에 초대받은 경우도 마찬가지다. 모임이 끝나고 며칠 이내로 초대한 사람들로부터 간단한 땡큐 카드가 날아오는 경우를 쉽게 볼 수 있다.

분명 파티 당일에도 몇 번씩이고 와줘서 고맙다는 말을 했지만, 모임이 끝난 후에 다시 한 번 자그마한 카드라도 써서 보내는 것이 일상화된 미국의 땡큐 문화이다.

이처럼 땡큐 문화에 너무도 익숙한 미국인들에게 인터뷰를 마치고 'Thank-you note'를 보내는 것은 지극히 당연하다. 땡큐 노트는 보통 인터뷰를 마치고 24시간 이내에 이메일로 보내는 것이 가장 좋다. 인터뷰를 마친 당일 저녁이나 다음날 오전에 보내는 것이 가장 적당하고, 인터뷰 패널로 참석했던 사람들 모두에게 따로따로 이메일을 보내는 것이 중요하다. 반드시 단체메일이 아닌 개인별로 보내야 한다.

땡큐 노트의 내용은 가급적 짧고 간결한 것이 좋다. 인터뷰 때 만나서 정말 반갑고 좋은 시간이었으며, 진심으로 감사를 표한다는 내용이면 족하다. 지원한 회사에 대한 본인의 관심과 열정을 다시 한번 확실하게 강조해 주는 것도 좋은 전략이다. 하지만 땡큐 노트에 쓸데없는 말을 주저리주저리 쓰는 것은 금물이다. 프로페셔널하지 않게 보여 오히려 마이너스가 될 수도 있다. 반드시 짧고 굵게 마무리하도록 하자.

이메일을 보내기 직전에는 오탈자는 없는지 마지막으로 꼼꼼히 검토하는 것도 잊지 말자. 간단한 오탈자는 흔히 일어나는 실수이긴 하지만, 마지막까지 프로페셔널하게 보일 필요가 있다. 혹시라도 상대방의 이름 철자가 틀렸다거나 하는 등의 실수를 범하면 역효과가 발생할 수 있다. 이렇게 사소한 부분도 꼼꼼히 살펴보고 몇 번씩 확인해야 한다. 뭐든지 마무리가 깔끔해야 하는 법이다. 꼭 기억하자. 성공적인 인터뷰의 핵심은 끝까지 프로페셔널리즘을 놓치지 않는 것이다.

가장 많이 등장하는 인터뷰 질문 Top 7, 성공적 답변 전략

Tell me about yourself

이 질문은 모든 인터뷰에서 첫 번째로 등장한다고 해도 과언이 아니다. 미국 엔지니어 인터뷰 과정도 우리나라 면접 과정이랑 기본적인 틀은 다르지 않다. 누구나 처음 만나면 자기소개부터 하는 건 당연지사가 아닌가.

인터뷰 때 면접관들과 처음으로 대면하게 되면, 일단 반갑게 인사하며 서로를 소개하는 것으로 이야기가 시작된다. 보통은 본격적으로 인터뷰를 시작하기 전, 간단한 날씨나 트래픽 등 가벼운 이야기(Small talk)로 워밍업을 하는 게 일반적이다. 이렇게 서로를 소개하고 가볍게 몇 마디 이야기를 주고받은 후에 본격적인 인터뷰를 시작한다. 이때 첫 번째로 접하게 될 질문은 99.9% 이렇게 시작한다고 보면 된다.

"자, 당신이 누구인지 한번 이야기해 보세요."

첫 만남에서 첫인상이 차지하는 비중은 상당히 크다. 인터뷰 때도 첫 번째 질문에서 강한 인상과 호감을 확 이끌어내는 전략이 필요하다. 먼저 면접관들이 이 질문을 하는 의도를 정확히 간파해야 한다. 이 질문이 자기소개라고 해서 본인의 출신 지역이나 가족사항 등 개인적인 스토리로 시작하면 안 된다.

미국식 사고방식으로 볼 때 상당히 좋지 않은 접근이다. 면접관들은 지원자의 개인적인 성격이나 취미 등이 궁금해서 이 질문을 던지는 게 아니다. 어렸을 때 어떤 환경에서 어떻게 자라났는지, 무엇을 좋아하는지 등 개인적 취향에는 별다른 관심이 없다. 잡 포지션과 무관한 내용은 알고 싶어 하지 않는다.

면접관들이 관심 있는 것은 오로지 지원자의 프로페셔널 백그라운드이다. 이 질문의 핵심은 지원자의 학력과 경력사항이 자기들이 찾고 있는 채용기준에 적합한지를 파악하기 위한 것이다. 그러므로 Job requirements와 관련된 프로페셔널 백그라운드에 포커스를 맞춰서 답변해야 한다. 냉정하게 말해서 인터뷰는 면접관들에게 '나'라고 하는 물건을 판매하기 위해 설득하는 과정이다. 불편하게 들릴 수도 있으나 엄연한 사실이다. 주어진 짧은 시간 내에 성공적으로 물건을 팔기 위해서는 무엇보다 상대가 관심을 가질 만한 핵심사항 위주로 접근하는 것이 중요하다.

이 질문에는 간단하게 2분 이내로 답변하는 것이 좋다. 본인이 채용기준에 꼭 들어맞는다는 핵심 포인트만 또박또박 말해 주면 된다. 인터뷰를 하기 전에 레주메를 통하여 이미 기본적인 학력 및 경력사항들은 파악된 상태이다. 레주메에 보여준 백그라운드가 1차 스크린에 통과되어 인터뷰까지 오게 된 것이다. 레주메에 나와 있는 내용들을 주저리주저리 설명할 필요는 없다. 여기서 놓치지 말아야 할 핵심 포인트는 딱 두 가지다. 첫 번째는 전공 및 경력사항(Professional background)이고, 두 번째는 나의 전문기술이 지원하는 포지션과 어떻게 부합되는지 하는 것이다.

한 번 더 강조한다. 이 질문은 반드시 나온다. 그것도 처음으로 나온다. 인터뷰를 시작하는 첫 단추인 것이다. 무엇보다 첫인상이 좋아야 한다. 외국인인 우리는 특히 영어에서 발목 잡힐 확률이 높다. 네이티브 스피커가 아니므로 일단 커뮤니케이션 스킬부터 체크할 것이다.

면접관 입장에서 생각해보자. 레주메에 나온 이력이 맘에 들어 인터뷰를 했는데, 첫 질문부터 더듬거린다면 어떤 느낌을 받겠는가. 일단 안 좋은 이미지로 시작하는 것이다. 인터뷰 내내 영어가 서툴다는 색안경을 끼고 평가할 것이다.

이 질문에 대한 답변은 그 무엇보다 신경 써서 준비해야 한다. 특히 영어가 어색하거나 '버벅거린다.'는 느낌을 줘선 절대로 안 된다. 핵심 전략은 철저한 준비와 충분한 연습으로 처음부터 강력한 인상을 심어주는 것이다. 단, 원고를 달달 외워서 말하듯 대답하는 것은 피하자.

먼저 전달할 핵심 내용을 머릿속에 구조화하고 충분히 숙지한다. 그 후 입에서 술술 나올 때까지 백 번이고 이백 번이고 끊임없이 반복해야 한다. 본인의 목소리를 녹음해서 들어보면 발음이 어색한 부분을 쉽게 캐치할 수 있다. 동영상으로 녹화해보면 눈빛이나 표정, 제스처까지 자연스럽게 고쳐나갈 수 있다. 다른 건 몰라도 정말 이 질문만큼은 네이티브 스피커처럼 자연스럽게 이야기하듯 풀어나가야 한다. 당락을 결정지을 수 있는 첫 번째 질문이기 때문이다.

성공적인 인터뷰를 위해선 어느 정도의 연기력이 필요하다. 잊지 말자. 첫인상이 승패를 좌우한다.

유사한 표현들

- Can you tell us a little about yourself?
- What can you tell me about yourself?
- Would you briefly introduce yourself to us?
- Please describe your education and work experience.
- Walk me through your background.
- What should I know about you?
- How do you think others would describe you?
- What would you like us to know about you?

What are your strengths?

이 질문 역시 포지션 종류에 상관없이 거의 모든 인터뷰에 단골로 등장하는 실문 중 아나이나. 혹시 인터뷰에서 이 질문이 나오지 않는다면 오히려 먼저 말할 기회를 포착해보자. 직무 역량과 관련된 본인의 핵심 강점은 어떻게든 부각시켜 주어야 한다. 거듭 말하지만, 인터뷰는 잡 마켓에서 나를 판매하기 위해 면접관들을 설득하는 과정이다. 다른 지원자들에 비해 본인의 어떤 면이 뛰어난지를 확실하게 보여주어야 한다. 그런 측면에서 이 질문은 자신을 홍보하기 위한 아주 좋은 찬스이다.

면접관들은 이 질문을 통해 크게 두 가지를 파악하고 싶어 한다. 지원자가 업무수행을 성공적으로 해낼 능력이 있는지, 또한 팀원들과 어울려 원활한 팀워크를 발휘할 수 있을지 여부이다. 'Work harmony'를 평가하는 것이다. 답변을 할 때는 기본적으로 관련 분야 전문기술과 경험을 바탕으로 한 업무수행 능력을 보여줘야 한다. 다른 한편으로는, 팀원들과 잘 어우러져 조직원으로서 아무 손색이 없다는 확신을 심어주는 것이 중요하다.

일반적으로 우리나라 사람들은 남들 앞에서 자기를 뽐내고 자랑하는 것을 별로 안 좋게 바라본다. 한국인 특유의 정서이다. 자신의 장점을 드러내지 않고 조용히 있는 것을 겸손이라고 여기는 경향이 강하다. 인터뷰 때 이런 겸손은 금물이다. 미국에서 엔지니어로 취업하려면 우선 한국인과 다른 미국인들의 정서를 제대로 이해해야 한다.

미국 사람들은 기본적으로 직설적이다. 우리처럼 체면상 무언가를 사양하고 하는 문화가 아니다. 남의 눈치를 보거나 주변 사람들의 시선도 크게 신경 쓰지 않는다. 그냥 좋으면 좋고 싫으면 싫은 것이다. 직장에서 회의할 때도 보면 대부분 평등한 입장에서 할 말은 주저 없이 다 하는 분위기다. 아무 말 없이 조용히 앉아 있으면 어떤 사안에 대해 별로 관심이 없거나, 정말 모르는 것으로 생각한다.

나도 튀는 것을 좋아하지 않는 스타일이라 조용히 지냈다가 오해를 사기도 했다. 인터뷰는 자신을 어필하는 과정이다. 얼굴에 철판을 깔고서라도 자신의 핵심 역량을 최대한 부각시켜야 한다. 그 누구보다도 바로 내가 당신들이 찾고 있는 인물이라는 것을 적극적으로 홍보해야 한다.

이 질문에 대한 가장 좋은 접근방법은 무엇일까? 업무수행 능력 및 원활한 팀워크 발휘와 관련된 자신의 장점을 크게 두 가지로 압축하는 것이다. 장점이라고 해서 그냥 전형적인 좋은 점들을 묶어 두루뭉술하게 말하면 아무런 임팩트가 없다. 뭔가 나만의 특별한 장점을 좀 더 구체적으로 콕 집어서 말해 주어야 한다. 빤한 이야기는 진부한 느낌을 줄 뿐이다. 가급적 피하는 것이 좋다. 예를 들면 이런 것이다.

"나는 어려서부터 근면성실하다는 이야기를 듣고 살아왔다. 무엇이든 최선을 다해 열심히 하는 스타일이다. 내게 주어진 일은 언제나 책임감 있게 수행하는 사람이다."
이런 식의 진부한 스토리는 아무런 임프레션이 없다. 그야말로 흔하디흔한 이야기일 뿐이다.
뭔가 확실한 인상을 남기려면 구체적인 예를 들어야 한다. 전공분야의 특정 하드웨어나 소프트웨어 스킬, 프로젝트 관리, 보고서 작성, 정확한 수치 해석, 신속한 문제해결 능력 등 면접관들이 관심을 갖고 들을만한 실제 사례를 들어줘야 한다.

내가 남들에 비해 특히 무엇을 잘하는지 곰곰이 생각해보자. 나만의 장점을 통한 업무성취 사례들을 미리 정리하여 머릿속에 넣어두어야 한다. 단 지원하는 포지션에서 요구되는 업무능력과 관련된 장점이어야 한다. 이 질문의 답변은 핵심 역량이 발휘된 성취 사례를 보여주는 것이 포인트다.

유사한 표현들

- Can you tell me your greatest professional strengths?

- Can you list your major strengths?

- How would you apply your key strengths to this position?

- What's your biggest professional achievement?

- Please tell me about your greatest accomplishment.

- What makes you the ideal candidate for this job?

- Out of all the other candidates, why should we hire you?

- Why should I consider hiring you?

- What makes you a good fit for this position?

- Why do you think you are qualified for this job?

- What qualifications do you have to be successful in this role?

- What can you contribute to our company?

- What value would you bring to this job?

- What do you feel sets you apart from the competition?

What's your greatest weakness?

통상적으로 장점에 이어 곧바로 묻는 것이 단점에 관한 질문이다. 보통은 "You've told me about your strengths. Now, can you share what you consider to be your biggest weakness?" 이런 식으로 자연스럽게 질문을 이어간다. 때로는 장단점을 한꺼번에 묶어서 "What are your strengths and weaknesses?" 라고 묻기도 한다.

이 질문은 단점에 관한 내용이므로 일단 난감하다. 인터뷰 때 본인의 단점을 말한다는 건 그 자체로 쉬운 일이 아니다. 이 질문이야말로 미리 답변을 준비해가지 않으면 대답하기 상당히 곤란한 질문이다. 본인의 단점을 대놓고 말하자니 마이너스가 될 것 같고, 그렇다고 해서 아무런 단점이 없다고 말할 수도 없는 노릇이다. 이 부분에서는 좀 더 솔직해질 필요가 있다.

신이 아닌 이상 이 세상에 완벽한 인간은 없다. 특별한 단점이 없다고 말하거나, 뭐가 단점인지 잘 모르겠다는 식으로 대답하면 안 된다. 다소 교만해 보일 수 있다. 또는 본인 자신을 정확히 인지하지 못하는 것으로 보여 마이너스가 된다.

이 질문에 대한 답변을 할 때의 핵심 포인트는 본인의 단점을 솔직하게 보여주되, 그러한 단점을 극복하기 위해 어떻게 노력하고 있는지를 확실하게 짚어주는 것이다. 단점 극복 사례를 통해 부정적인 모습을 긍정적인 모습으로 개선시켜가는 과정에 포커스를 맞춰야 한다. 일종의 '스토리텔링'이 필요하다. 몇 가지 예를 들어 보겠다.

"어려서부터 쑥스러움을 많이 타는 성격이라 사람들 앞에서 뭔가를 이야기하거나 발표할 때마다 쉽게 초조해지곤 했다. 하지만 Public Speech, Presentation Skill 등의 수업을 통하여 많이 개선되었다."

"다소 조급하고 덜렁대는 스타일이라 간혹 일을 꼼꼼히 처리하지 못하는 경우가 있었다. 그러나 작년부터는 연간계획, 월간계획, 주간계획서를 작성하는 습관을 들여 실수 없이 업무를 처리하게 되었다."

"완벽주의 성격이라 주어진 한 가지 일을 완전히 끝내기 전까진 다른 일에 잘 신경 쓰지 못하곤 했다. 하지만 인턴 시절 팀워크를 통하여 멀티태스킹과 시간관리기술 등을 배우게 되었다."

이런 식으로 뭔가 나만의 에피소드가 들어 있는 스토리텔링이 들어가 줘야 한다. 그래서 어떻게 단점을 개선해 나가고 있는지를 잘 어필한다면 오히려 단점이 장점으로 빛을 발할 수 있다. 본인의 단점 극복 사례를 지원하는 포지션의 해당 업무와 어떻게든 연관시킬 수 있다면 더욱 효과적이다.

여기서 한 가지 주의할 점이 있다. 답변을 할 때 너무 솔직해도 불리할 수 있다는 점이다. 물론 인터뷰 때는 정직하게 답하는 것이 기본이다. 하지만, 본인의 단점이 핸디캡으로 작용되는 건 피해야 한다. 면접관들이 판단할 때 업무수행에 차질이 생길만한 단점을 보여주는 것은 금물이다. 가령, "야행성 체질이라 낮보다 밤에 더 잘 집중하여 일하는 스타일이다. 사무실에 혼자 조용히 남아서 야근하는 것을 좋아한다."라는 식의 답변은 곤란하다. 회사 방침으로 별도의 야근이 허락되지 않을 수도 있고, 팀워크를 중시하는 회사의 경우엔 마이너스로 작용할 확률이 높다. 조금이라도 유리하게 답변하려면 어느 정도 지혜가 필요하다.

지원한 회사의 근무환경이나 직원들의 업무스타일 등을 사전에 파악해보도록 하자. 슬기롭게 대처해야 한다. 성공적인 인터뷰, 솔직함보다 중요한 것이 현명함이다.

유사한 표현들

- What are some of your weaknesses?
- What do you consider to be your weaknesses?
- What weaknesses do you have?
- What do you know you need to work on?
- If you could change one thing about yourself, what would it be?
- What do you most want to improve in the next year?
- If I called your previous manager, what would he/she say that you need to work on?

Where do you see yourself in 5 years?

5년 뒤 나의 모습이라…. 5년이면 무려 1825일이나 되는 긴 시간이다. 이렇게 긴 시간 후에 어떤 위치에서 무슨 일을 하고 있을지 어떻게 알겠는가.

이 질문을 하는 이유는 크게 두 가지다. 우선 지원자가 전문경력과 관련하여 어떠한 장단기적 플랜을 가지고 있는지 보고자 함이다. 또한 채용하려는 포지션이 지원자의 장단기 플랜과 얼마나 적합한지를 파악해보려는 의도이다. 미국 엔지니어들은 우리나라에 비해 이직률이 높은 편이다. 생각보다 자주 여기저기 옮겨 다닌다. 우리나라 정서에는 이 직장 저 직장 옮겨 다니는 것을 다소 안 좋게 바라보는 경향이 없지 않다. 어느 한곳에 잘 적응하지 못하는 스타일로 오해받기도 한다.

하지만 미국은 다르다. 미국에선 오히려 장기간 한 직장에서만 근무하는 엔지니어들은 Career development(경력관리)에 별로 관심 없는 사람으로 보이기도 한다.

면접관들은 지원자가 자기들과 장기간 함께 일할 스타일인지를 판단하고 싶어 한다. 입사 후에 회사를 금방 떠나는 경우가 적지 않기 때문이다. 보통 직원을 새로 채용하면 한동안 트레이닝을 시키거나 적응하는 데 어느 정도 기간이 필요하다. 회사 입장에서 보면 이 기간은 새로운 직원에게 투자를 하는 셈이다. 그런데 그 직원이 적응 기간을 마치고 본격적으로 업무수행 능력을 발휘해야 할 순간에 갑자기 훅 떠나버린다면 어떨까? 회사로서는 또 다시 새로운 직원을 뽑아서 똑같은 과정을 반복해야 한다. 여러 가지로 손실이 크다. 당연히 자기들과 오랫동안 함께하려는 의지가 강한 사람을 선호하기 마련이다.

한국만큼은 아니지만, 최근 들어 미국도 취업경쟁이 심해지고 있다. 이런 질문에 꼬투리 잡혀 막판에 탈락하는 일이 생기지 않도록 각별히 조심해야 한다. 최종합격자를 선택하기 위한 일종의 함정에 걸려들지 말자.

이 질문에 가장 현명하게 답하는 방법은 살짝 돌려서 일반적인 내용으로 접근하는 것이다. 성공적인 인터뷰의 기본원칙은 뭔가 남들과는 다른 강한 인상을 심어주는 것이라 이미 언급했다. 나만의 스토리가 필요한 것이다. 하지만 이 질문만큼은 예외다. 5년이라는 긴 시간 뒤에 상황이 어떻게 변할지는 아무도 모른다. 회사의 방향이 어느 쪽으로 향하게 될지, 어떤 프로젝트를 수행하고 있을지 알 수 없다. 쓸데없는 내용을 언급하여 괜한 의구심을 일으키는 것은 긁어 부스럼을 만드는 것이다. 마냥 솔직하게 대답하는 우愚를 범해서도 안 된다. 예를 들면 이런 거다.

"일단은 잡 포지션에 나온 설계 업무에 십중하고 싶지만, 몇 년 뒤에는 리서치 쪽에도 관심을 갖고 싶다. 기회가 된다면 대학원에서 공부를 더 하거나 R&D 분야에서도 커리어를 쌓고 싶다."

이런 식의 답변은 솔직하긴 하지만 쓸데없는 의구심을 일으킬 수 있으므로 피하는 게 상책이다.

자료조사가 충분히 되었다면 회사의 향후 방향을 파악할 수 있을 것이다. 최소한 그 방향에 어긋나는 접근은 피해야 한다. 일부러 거짓말을 하라는 게 아니다. 약간이라도 마이너스가 될 수 있는 답변은 가급적 피하자는 뜻이다. 이 질문에는 최대한 일반적인 내용으로 접근하는 것이 좋다. 가령 이렇게 대답해 보는 건 어떨까?

"나의 최대 관심사는 당신들 팀에 조인하는 것이다. 당신들과 함께 일하며 같이 성장해 나가다 보면 5년이라는 시간이 금방 지나가 버릴 것 같다."

이런 식으로 답변을 하면 Career development에 대한 열정과 의지를 우회적으로 어필할 수 있다. 이런 관점으로 접근하면 이 질문은 오히려 입사 후 포부를 보여줄 수 있는 찬스가 된다.

입사 후의 포부와 관련하여, "열심히 해서 반드시 회사에 도움이 되겠다."는 식의 뻔하고 막연한 대답은 절대 하지 말자. 그야말로 최악이다. "열심히 하겠다, 최선을 다하겠다."는 식의 진부한 표현은 아무런 감흥을 주지 못한다. 너무도 당연한 소리는 그저 지루함만 선사할 뿐이다. 향후 계획과 관련된 답변을 할 때는 구체적인 설계가 들어가 있어야 한다. "입사 1년 후, 3년 후, 5년 후 이러이러한 모습을 꿈꾸고 있다."는 식으로 접근해야 신뢰감을 얻을 수 있다. 한 번 더 강조한다. 뻔한 내용의 두루뭉술한 답변은 안하느니 못하다.

Why do you want this job?

"당신은 왜 이 직업을 원하는가?"

먼저 이 질문의 목적을 제대로 파악해야 한다. 지원자가 이 포지션에 대해 얼마나 정확히 이해하고 있는지, 또 어느 정도의 열정이 있는지를 확인하려는 것이다. 대부분의 경우 회사 홈페이지나 링크된 SNS 등을 살펴보면 회사의 비전이나 실적, 주로 하는 업무분야가 상세히 나와 있다. 일반적으로 Job description에는 주로 어떤 일을 할 사람이 필요한지가 구세적으로 설명되어 있다. 사전에 충분한 숙지를 통하여 입사 후 주로 어떤 일을 하게 될 것인가를 정확히 파악해 놓아야 한다. 똑같은 타이틀의 엔지니어 포지션이라고 해도 회사의 특성상 주로 수행하게 될 프로젝트의 종류가 전혀 다를 수 있다.

이 질문에 답할 때는 Job description에 나와 있는 키워드 위주로 설명하는 것이 가장 좋다. 단순하게 '이 회사가 대기업이라서' 또는 '이쪽 분야 엔지니어들 사이에 평판이 좋아서' 라는 식으로 답변하면 안 된다.

지원하는 회사나 포지션의 어떠어떠한 점들이 내 마음에 쏙 드는 지를 구체적으로 밝혀야 한다. 시작은 이렇게 하는 것이 좋다.

"This position is EXACTLY what I am looking for, and great opportunity for me to use my professional skills. Because….."

(Exactly를 강조해 주는 게 좋다). 이런 식으로 '내가 정말 찾고 있었던, 나의 전문기술에 딱 들어맞는 포지션'임을 강조해 준다. 그리고 구체적으로 어떤 부분들에 특히 관심이 많다는 것을 각인시켜 줘야 한다.

구체적인 예가 없이 그냥 누구나 다 알고 있을 법한 일반적인 답변은 안 된다. 단순히 일반적인 내용들을 열거하는 것은 기억에 남지도 않을 뿐더러, 회사나 포지션에 별로 관심이 없는 것처럼 들릴 수도 있다.

사전에 회사나 포지션에 대해 관심 있게 조사해 보지 않았다는 반증이기도 하다. 이 질문에 답할 때에는 지원하는 회사 및 포지션의 어떤 점이 매력적인지를 구체적으로 밝혀야 한다. 지원동기 및 입사 후 어떤 비전과 열정을 가지고 일할 것인지, 본인의 포부를 소신껏 피력하자. 분명히 면접관들에게 강한 인상을 남겨줄 것이다.

이 질문에 대한 답변을 할 때 절대 빠트리지 말아야 할 부분이 있다. 이 포지션의 Job requirements가 본인의 전문경험 및 핵심 역량과 어떻게 잘 부합하는지를 부연 설명하는 것이다. 회사에서 뽑고자하는 사람은 기본적으로 전문지식과 기술을 가지고 팀원들과도 함께 어울려 일할 수 있는 사람이다. 최적의 답변은 지원하는 회사나 포지션이 마음에 드는 이유를 구체적으로 밝힌 후에 자신이 왜 가장 적합한 후보자인가, 또한 입사 후엔 어떤 자세로 즐겁게 일하고 싶은지를 적극적으로 보여주는 것이다.

전문기술 못지않게 중요하게 생각하는 부분이 지원자의 캐릭터, 즉 직원들과 워크 하모니를 이룰지 여부이다.

회사는 불협화음을 원치 않는다. 전문기술과 경력이 갖추어진 상태에서 원만한 성격의 캐릭터(Easy-going person)라는 느낌을 받는다면 뽑지 않을 이유가 없다.

유사한 표현들

- Why do you want to work here?
- Why are you interested in this position?
- What do you like about this company?
- What interests you about this job?
- Why would you like to work for us?
- Please describe why you applied for the position.
- Why are you looking for a new opportunity now?
- What kind of work environment do you like best?
- What's your dream job?

How do you deal with pressure or stressful situations?

이런 질문을 받았을 때 가장 효과적인 답변은 위기상황을 잘 극복해낸 나만의 스토리를 들려주는 것이다. 이 질문의 답변 역시 스토리텔링이 필요하다. 면접관들은 인터뷰를 통하여 지원자의 전문지식이나 기술뿐만 아니라, 문제해결 능력, 업무스타일 등 총체적인 캐릭터 특성을 파악하고 싶어 한다.

이런 종류의 질문에 대비해 과거 업무경험을 바탕으로 한 간단한 스토리 몇 개쯤은 미리 구상해 두는 것이 좋다. 장황한 내용보다는, 직무와 관련한 구체적인 예 한 가지가 훨씬 임팩트가 있다. 짧지만 임팩트를 줄 수 있는 간단한 에피소드 한 가지, 그거 하나면 된다. 예를 들면 과거 업무수행 중 매니저나 동료들과의 의견 대립이 있었던 사례를 들어주고, 어떻게 대처해 나갔는지 하는 식이다. 본인이 참여했던 프로젝트가 실패한 사례도 나쁘지 않다. 그 당시 팀원들 간의 분위기 극복을 위해 어떤 노력을 기울였는지에 포커스를 맞추면 된다. 특히 그 일을 극복하는 과정에서 내가 배운 것은 무엇인지 구체적인 사례를 들어준다면 한층 신뢰감을 높일 수 있다.

과거 동료들과의 의견대립으로 인한 갈등이나 실패 경험담 등은 다소 부정적인 내용이긴 하다. 하지만 직장생활에서 언제든지 발생 가능한 문제들이다. 에피소드를 밝히는 것에 대해 크게 부담을 가질 필요는 없다. 오히려 진솔하게 자신이 경험했던 상황을 설명하고, 당시 받았던 스트레스와 갈등을 어떻게 해결해 나갔는지에 포커스를 맞추는 것이 중요하다.

이 질문을 통해 면접관들이 확인하고자 하는 핵심내용은 지원자의 캐릭터 특성이다. 사내에서 언제든 발생 가능한 동료들 간의 의견대립 및 스트레스에 어떻게 반응하는지, 또한 문제해결을 위해 어떻게 접근하는 스타일인지를 확인하려는 의도이다.

다시 한 번 강조한다. 이 질문에는 일반적인 문제해결 방법들로 접근하면 안 된다. 반드시 '구체적인 사례'를 통한 본인만의 특별한 노하우를 보여주어야 강한 인상을 남길 수 있다. 이 또한 자주 나오는 질문 중 하나이다. 〈유사한 표현들〉에 정리된 것처럼 상황에 따라 표현은 여러 가지로 달라질 수 있으나, 질문의 요지는 다 같은 맥락이다.

미리 준비한 스토리로 충분히 연습하자. 충분히 연습하면 실전에서 떨리지 않는다. 연습만이 살 길이다.

유사한 표현들

- How do you handle stress and pressure?
- Tell me about a challenge or conflict you've faced at work, and how you dealt with it.
- What kinds of challenges have you encountered and how have you handled them?
- What was the greatest challenge you have faced?
- Please describe a difficult work situation or project, and how you overcame it.

- Can you tell me about the last time your co-worker or manager got angry with you?
- Have you ever had difficulty working with a supervisor?
- Describe a time when you and a teammate didn't agree. How did you handle the situation?
- How do you overcome failure at work? Can you give me an example?
- Can you tell me about a major problem you encountered and how you dealt with it?
- What personal strategies do you use to deal with stressful work situations?
- Have you gotten angry at work? What happened?
- How do you handle negative feedback?
- Tell me about the toughest decision you had to make in the last six months.
- What do you do when you feel like someone is not listening to you?
- Tell me about a time you disagreed with a decision or idea that your boss suggested. How did you communicate your disagreement?
- Tell me about a time when someone didn't come through on a promise. How did you approach the person and how was the problem solved?

Do you have any questions for us?

이 질문은 인터뷰를 마무리하면서 마지막에 반드시 등장하는 질문이다. 100프로 인터뷰의 마지막 질문이라도 보면 된다. 따라서 이 질문이 나오면 인터뷰가 끝났다는 의미이다. 간혹, '쓸데없는 질문을 해서 행여 마이너스가 되지는 않을까?' 혹은 '인터뷰를 빨리 끝내고 싶다'는 마음에 특별한 질문이 없다고 대답하는 경우를 보았다. 이건 정말 절대로 하지 말아야 할 행동이다.

면접관의 입장에서 생각해보자. 아니, 자기들한테 아무것도 궁금한 게 없다고? 이건 그냥 이 포지션에 별다른 관심이 없다는 뜻으로 받아들인다. 비유하자면 이런 거다. 소개팅을 나갔다. 상대가 나에게 아무런 질문 없이 그냥 내가 하는 말을 듣기만 한다. 상황이 이해되는가? 상대의 그러한 행동이 무엇을 의미하는지는 굳이 설명하지 않아도 잘 알 것이다.

한국인은 기본적으로 남들 앞에서 질문하기를 꺼려한다. 특히 공식적인 자리에서는 두 말할 것도 없다. 예전에 오바마 대통령이 G20 서울정상회의 폐막식에서 전 세계 기자들에게 질문을 받던 장면은 유명하다.(https://youtu.be/FPDB9xQS7S0) 기자회견장에 있던 각국의 기자들이 질문하기를 원했지만, 오바마는 개최국에 대한 보답으로 특별히 한국 기자들에게만 질문할 기회를 주었다. 그야말로 특혜 아닌 특혜였다.

하지만 수많은 한국 기자들 가운데 오바마 대통령에게 손을 들고 질문한 기자는 단 한 명도 없었다. 어색한 침묵이 흐르고, 오바마는 한국어로 질문하면 통역이 필요할 거라고까지 하면서 다시 한 번 질문할 기회를 주었다. 하지만 결과는 마찬가지. 보다 못한 어느 중국 기자가 벌떡 일어나 한국 기자들 대신 아시아를 대표해서 질문하길 원했고, 오바마는 그래도 한국 기자들에게 준 기회라며 자기에게 질문이 없는지 몇 번이고 반복해서 물어보았다. 또 다시 정적이 흐르자 오바마도 난감해 하며 결국 기회는 그 중국 기자에게 넘어갔다.

전 세계 기자들이 모여 있던 국제 무대에서 당당하게 질문 하나 못하는 대한민국 기자들, 이 무슨 국제적 망신이란 말인가. 얼굴이 후끈거릴 정도로 수치스런 장면이다. 기자가 무엇인가? 기자는 늘 질문을 하는 직업이다. 그 자리에 있던 우리나라 기자들이 세계 최강국 대통령인 오바마에게 과연 아무런 질문도 없었을까? 영어에 대한 부담감이었을 수도 있고, 오래된 주입식 교육의 결과물일 수도 있다. 아마도 대부분이 서로 눈치를 보고 있었을 것이다. 질문에 인색한 한국인 특유의 모습을 보여주는 단적인 장면이다.

반면 미국 사람들은 어떨까? 미국인은 어려서부터 질문하는 습관이 몸에 배어 있다. 초등학교부터 아이들이 손들고 질문하는 모습을 보면 상당히 적극적이다. 미국인 정서상 질문이 없다는 것은 기본적으로 관심이 없다는 걸 뜻한다. 따라서 이 질문이 나왔을 땐 절대 머뭇거려선 안 된다. 마치 기다렸다는 듯이 적극적으로 반응해야 한다. 그래야 끝까지 강한 인상을 남겨줄 수 있다.

인터뷰는 면접관과 지원자 쌍방이 서로에 대해 궁금한 사항들을 확인해 가는 과정이다. 면접관은 지원자가 어떤 전문지식과 기술을 가지고 있는지, 회사에 어떤 역할로 어떻게 도움이 될 수 있을지를 확인하고 싶어 한다. 지원자 또한 인터뷰 과정을 통해 확인할 내용이 있다. 회사의 비전이나 같이 일하게 될 팀원들의 분위기는 어떤지, 입사 후 하게 될 주 업무가 본인이 생각하던 방향과 맞는지 등의 여부이다.

인터뷰 준비과정에서 질문 두세 개 정도는 미리 준비해 둬야 한다. 이 마지막 질문은 본인의 관심도를 다시 한 번 각인시켜 줄 수 있는 절호의 찬스이다. 회사의 중장기 목표나 비전을 물어보는 것도 좋고, 팀원들의 업무 분위기나 사내문화, 또는 현재 진행 중인 프로젝트, 채용과정의 향후 프로세스 등 질문할 수 있는 내용은 여러 가지다. 어떻게든 적극적인 관심을 보여주는 것이 현명한 접근방법이다.

여기서 조심할 것 한 가지. 연봉이나 보너스 등 샐러리와 관련된 질문은 삼가야 한다. 돈이 중요한 건 누구도 부인할 수 없는 사실이지만, 그보다는 커리어를 더 중요하게 생각한다는 인상을 심어주는 것이 좋다. 혹시 샐러리와 관련해서 어느 정도 선으로 생각하느냐는 질문을 받게 된다면 이렇게 응대해보자.

"Well, money is always important, but my career is more important than money. Of course the more the better, but I understand there is an average market value."

갑자기 물어볼 수 있으므로 확실하게 외워두자. 취업의 목적이 단지 돈을 벌기 위함만은 아니라는 인상을 주는 대답이다.

인생을 살아가려면 돈은 당연히 중요하다. 하지만 엔지니어로서 나름 사명감을 가지고 일하는 게 더 보람 있지 않을까? 개인적으로 Civil engineer인 나는 그렇게 생각한다. 엔지니어들의 피와 땀으로 만들어진 도로, 교량, 터널, 항만, 댐, 공항, 철도, 고층빌딩 등등 수많은 구조물들, 이름 모를 수많은 엔지니어들 덕분에 세상은 하루가 다르게 변모해 나가고 있다. 우리가 죽은 후에도 후손들은 우리 엔지니어들이 만들어 놓은 각종 사회시설물을 이용하며 살아갈 것이다.

엔지니어로 일하는 동안 다양한 분야의 프로젝트에 참여할 수 있다는 것, 미력하나마 나의 전문지식과 기술이 세상을 좀 더 좋은 곳으로 바꾸어 나가는데 함께 했다는 것, 그 자체만으로도 엔지니어는 보람된 직업이다. 오늘날 인류의 삶을 상상조차 못하던 세상으로 바꿔 놓은 인터넷 역시 엔지니어들의 IT 기술력이다. 역시 세상은 우리 엔지니어들이 있기에 하루가 다르게 살기 좋은 모습으로 변해가는 것이다.

다시 본론으로 돌아와서, 샐러리는 통상적으로 인터뷰에 합격한 후에 결정된다. 인터뷰에 합격하면 대개 전화로 직접 통보해 준다. 합격을 축하해 주면서, 샐러리와 근무시작일, 휴가 등 여러 가지 복리후생제도와 관련해서 별도로 이야기를 하게 된다.

우리와 같은 외국인에게는 샐러리보다도 더 중요한 사항이 있다. 다름 아닌 체류신분 문제를 해결하는 것이다. 미국 엔지니어로 일하

기 위해선, 취업비자나 영주권 등 합법적 체류신분을 확보하는 것이
무엇보다도 중요하다. 기존에 취업비자가 있는 경우에도 새로 일하
게 될 직장으로 트랜스퍼 하는 과정이 필요하다. 미국 영주권이나 시
민권이 있는 경우가 아니라면 반드시 신경 써야 하는 가장 중요한 부
분이다.

각종 복리후생제도나 연봉 협상, 비자나 영주권 스폰서 등에 대해
서는 〈4장, 완성편〉에서 상세히 다루도록 하겠다.

유사한 표현들

- Any questions for me?

- Do you have any questions?

- Any questions about the position you applied for?

- Is there anything that you would like to ask me?

- If you have any questions about our company or this position, feel
  free to ask.

- What questions do you have for us?

Job 인터뷰, 실패 또한 소중한 경험이다

부푼 꿈을 안고 도전을 시작한 미국 엔지니어의 길. 생각보다 쉽지
않다. 멀고도 험하다. 심혈을 기울여 작성한 레주메와 커버레터. 이

것만 보내면 여기저기서 금방이라도 연락이 올 것만 같지만 현실은 다르다. 이제나저제나 연락이 올까 하여 애태우던 나날들, 운 좋게 인터뷰 요청을 받고 들뜬 기분으로 잠 못 이루던 밤, 무사히 인터뷰까지 마치고 이제 다 왔다고 생각했지만 허무하게 들려오는 불합격 소식. 미국 엔지니어의 길을 걷다보면 누구나 한두 번씩은 경험하게 될 여정들이다. 나도 그랬고, 내 주변의 많은 동료와 선후배들도 다 겪은 과정들이다.

미국은 경력관리 차원에서 몇 번씩 직장을 옮기는 경우가 허다하다. 어쩌면 미국 엔지니어라는 삶 자체가 도전과 실패의 연속인지도 모르겠다. 이렇게 실패를 반복해 나가는 과정에서 맷집이 생기고 면역력이 커지는 것이다. 실패는 나쁘지 않다. 기분이 나쁠 뿐이다. 우리는 실패를 통해 최소한 한 번의 경험을 더 쌓게 된다. 성공이나 실패나 모두 똑같이 소중한 인생의 경험들이다. 오히려 실패를 경험해보지 못하고 승승장구 성공만 하다보면, 그야말로 언젠가 한방에 훅 가는 경우가 더 많다. 실패를 두려워하지 말자. 실패를 통해 또 한 번의 경험을 하게 되었음을 감사하자. 경험은 곧 자산이다.

인터뷰 경험은 많으면 많을수록 좋다. 인터뷰 경험이 많다는 말은 그만큼 실패의 경험도 많다는 뜻이다. 실패를 통한 경험 쌓기. 장기적으로 볼 때 절대 손해보는 장사가 아니다. 실패는 실패로 끝내는 것이 아니라, 다음번 도전을 위한 양분으로 저장해 놓아야 한다. 그러기 위해서 꼭 필요한 작업이 '인터뷰 복기' 과정이다.

'복기復棋'란 바둑에서 한번 두었던 판국을 처음부터 다시 두었던 대로 놓아보는 것을 말한다. 대국이 끝난 후 서로의 수를 처음부터 다시 두어보며 승패의 원인을 분석하는 것이다. 복기의 과정은 승자와 패자 모두 배울 수 있는 또 하나의 기회다. 한동안 바둑에 심취했던 적이 있다. 프로기사들의 복기 장면을 볼 때면 어떻게 그 많은 수를 다 외우고 똑같이 재현하는지 마냥 신기해하곤 했다.

바둑의 고수들은 하나같이 복기를 자주하는 것이 실력을 늘리는 지름길이라고 말한다. 복기를 하는 가장 큰 이유는 대국 전체를 되짚어보며 주요 국면의 수법과 전략을 곱씹어보기 위함이다. 이긴 대국이라면 몰라도, 패배한 대국은 복기하는 마음 또한 무거울 것이다. 하지만 복기를 통해 지난 대국을 되돌아보며 반성의 시간을 갖는 것이 진정한 프로정신이다.

드라마 〈미생〉의 주인공 장그래는 매일 퇴근 후 하루를 복기하는 습관이 있다. 바둑을 배우던 어린 시절을 회상하며 복기를 통해 지난 일을 다시 한 번 해석하는 것이다. 복기는 본인의 패착을 찾는 기회이며 실패를 통해 배우는 과정이다.

인터뷰 복기도 이와 마찬가지다. 인터뷰를 마치고 돌아온 후에는 그 날의 질문 내용들을 하나하나 생각나는 대로 적어보자. 또한 각 질문에 대해 어떻게 대답했는지 간단하게라도 정리해보는 것이 중요하다. 시간이 지날수록 잘 생각나지 않으므로 복기는 당일 바로 하는 것이 가장 좋다.

인터뷰 질문 및 답변과 관련하여 차분히 정리하다 보면 본인의 부족했던 부분이 저절로 보일 것이다. 인터뷰 복기는 내공을 쌓아가는 과정이다. 잘했든 못했든 꼭 필요하다. 인터뷰 복기를 통해 자신만의 데이터베이스를 구축해보자.

반복된 실패로 자신감을 상실했는가? 괜찮다. 포기만 안 한다면 언젠가는 된다. 절대로 포기하지 말자.

"Never, never give up!"

PART. 4
미국 엔지니어 취업하기
완성편 – 이제부턴 협상이다!

인생에서 실패한 사람 중 다수는
성공을 목전에 두고도 모른 채
포기한 이들이다.

- 토마스 에디슨

1. 채용조건 및 복리후생제도

합격통보 수신 후의 대응 전략

미국 엔지니어라는 부푼 꿈을 안고 한 걸음 한 걸음 달려온 당신, 이제 거의 다 왔다. 조금만 더 힘을 내자. 꼼꼼한 시장조사부터 시작해 멋지게 레주메를 작성하고 여기저기 지원한 결과, 무사히 인터뷰까지 마쳤다.

회사로부터 인터뷰 합격통보를 받았는가? 그렇다면 드디어 꿈을 이룬 것이다. Welcome to the world!

진심으로 축하의 박수를 보낸다. 합격소식은 일반적으로 전화나 이메일로 통보를 받는다. 인터뷰에 합격한 경우 빠르면 며칠 이내, 늦어도 보통 2주 이내에는 연락이 온다. 이때 시작하는 첫마디는 십중팔구 "Congratulations!" 이 한마디를 듣기 위해 지금껏 고생하고 달려온 것이다.

하지만 아직 샴페인을 터뜨리기엔 이르다. 회사로부터 공식문서에 해당하는 Job offer letter(합격통지서)를 받기 전에는 아직 다 끝난 게 아니다.

　잡 오퍼레터에는 포지션 타이틀, 주요 업무내용, 근무시작일, 연봉 및 간략한 복리후생제도 등이 명시되어 있다. 회사로부터 오퍼레터를 받으면 정해진 시일 내에 사인해서 돌려보내야 한다. 그래야 비로소 공식적으로 고용계약이 성사되는 것이다. 일단 오퍼레터에 사인을 하고 나면, 더 이상의 추가협상은 고려하기 힘들다. 그러므로 최종 사인 이전에 챙길 건 챙겨야 한다. 많은 경우 합격통보를 받고 나면 너무 기쁜 나머지 이 부분을 간과하고 만다. 하지만 마무리작업 2%가 남아 있다는 걸 잊지 말자.

　미국은 경력별, 지역별로 연봉의 차이가 적지 않다. 당연히 많이 받을수록 좋겠지만 합리적인 샐러리의 범위, 즉 Market value가 있는 것이다. 동종업계 평균연봉 시장조사를 통하여 나의 몸값은 어느 정도인지 미리 파악해보자. 대부분의 회사는 보통 기본 샐러리 외에도 추가로 협상이 가능한 보너스들이 있다. 또한 샐러리만큼이나 중요한 것이 각종 복리후생(Benefit)이다.

　복리후생 제도는 회사 규모별로 많은 차이가 있다. 주로 어떤 종류들이 제공되는지 정확히 숙지해 둘 필요가 있다. 이런 사항들을 간과하고 아무런 협상 없이 시작하게 되면 나중에 후회할 확률이 높다. 이 책을 읽는 독자 여러분은 나중에 후회하지 않도록 끝까지 최선을 다하기 바란다.

　이 장에서는 인터뷰 합격통보 후 공식적으로 잡 오퍼레터를 받기

전에 꼭 챙겨야 할 몇 가지 항복늘을 살펴보고자 한다.

연봉 이외에 추가로 협상이 가능한 보너스

일반적으로 미국 엔지니어는 회사 및 포지션 종류마다 기본 샐러리 이외에 추가로 협상이 가능한 보너스들이 있다. 대표적으로 사이닝 보너스(Signing bonus 또는 Sign-on bonus라고도 불린다.)라는 게 있다. 말 그대로 오퍼레터에 사인한 기념으로 주는 보너스를 말한다.

사이닝 보너스의 기본 취지는 이렇다. 혹시 지원자가 여기저기 여러 군데 합격한 경우, 다른 곳이 아닌 자기네 회사로 오게끔 하기 위해 제시하는 보너스 개념이다. 경력직에 해당되는 보너스이고, 회사에서 꼭 뽑고 싶으면 먼저 제시하는 경우가 많다.

회사의 규모나 방침에 따라 아예 없는 경우도 많다. 하지만 사이닝 보너스는 기본적으로 제시된 샐러리 이외에 추가로 협상 가능한 대표적인 항목 중 하나이다. 어느 정도 경력을 가지고 있다면 자연스럽게 사이닝보너스 여부에 대해서 물어보도록 하자.

두 번째는 보장 보너스(Guaranteed bonus)로 입사 후 어느 시점에 지급하기로 보장된 보너스이다. 보통은 입사 후 1년 이내, 주로 연말에 지급되는 경우가 많다. 보장 보너스는 인센티브 개념이므로 입사 후 개별성과에 따른 성과급을 의미한다.

미국 엔지니어들은 대부분 일 년에 한두 번씩 매니저로부터 업무 능력평가(Employee evaluation)를 받는다. 평가결과에 따라 개인별로 받게 되는 성과급의 퍼센트가 다르다. 회사 방침에 따라 연말성과급이 자동으로 지급되는 경우도 있지만, 경기가 안 좋은 경우 얼마든지 취소될 수 있다. 뭐든지 약속받기 전에는 확실하지 않다. 그러므로 오퍼레터에 사인하기 전에 협상을 통해 이 항목을 추가한다면 말 그대로 보장된 보너스를 약속받게 되는 것이다.

마지막으로 반드시 챙겨야 할 항목이 Relocation & Moving Expense(이사 비용)이다. 이것 또한 처음 입사 시에만 받을 수 있는 일종의 보너스 개념이다.

우리나라에서는 타 지역에 취업 시 이사 비용이 제공되는 경우는 거의 없을 것이다. 한국의 100배 규모인 미국은, 워낙에 땅덩어리가 넓다보니 이사하는 데 시간도 많이 걸릴 뿐더러 상당한 비용이 지출된다. 특히 다른 주로 이사하는 경우에는 말할 것도 없다. 이사업체에 의뢰할 경우 보통은 대형 트레일러를 이용해 여러 집 이삿짐을 한꺼번에 옮기는 경우가 대부분이다. 예를 들어 뉴욕에서 엘에이까지 이사를 간다고 하면, 가는 길에 중간 중간 들리면서 다른 집 이삿짐을 싣거나 내려주면서 이동하는 식이다. 안 그래도 먼 거리인데, 당연히 시간이 오래 걸릴 수밖에 없다. 만약 우리 집 이삿짐만 싣고 가는 '나홀로 이사'를 하게 되면 비용이 상상을 초월한다. 포장이사는 말할 것도 없고, 일반 이사의 경우에도 한국보다 훨씬 비싸다.

그래서 미국엔 무빙세일Moving sale이 아주 흔하다. 무빙세일은 이사를 가기 전에 짐을 줄이기 위해 자기 집을 오픈하고 사용하던 물건을 싸게 파는 일이다. 비싼 이사 비용을 지불하느니, 경우에 따라서는 다 팔아버리고 이사를 가서 새로 구입하는 게 훨씬 저렴하다. 또 한 가지 흔히 볼 수 있는 광경은 유홀(U-Haul, 직역하면 "당신이 운반하세요.") 트럭을 빌려 짐을 싣고 직접 운전해서 이사를 가는 모습이다. 이 경우엔 트럭 렌트비와 연료비만 지출되므로 많이 저렴한 이사 방법이다.

(http://movinginsider.com/2017/03/20/advantages-u-haul-truck-rental/)

현실이 이렇다보니 복리후생 차원에서 새로 고용한 직원의 이사 비용을 어느 정도 부담해 주는 경우가 적지 않다. 물론 취업된 회사가 한동네라 굳이 이사할 필요가 없는 경우라면 예외다. 또한 이사 비용은 먼저 요구하지 않으면 아무런 언급 없이 넘어가는 경우도 많다. 이사 비용 제공이 회사의 의무사항은 아니기 때문이다. 그래서 협상이 필요한 것이다.

일반적으로 오퍼레터를 받고 서로 협의하는 과정은 이렇다.

우선 회사로부터 인터뷰 합격소식을 통보받고, 공식적인 근무시작일과 샐러리에 대해 상의하게 된다. 좀 더 정확히 말하자면 상의라기보다 회사에서 정한대로 통보받는 개념에 가깝다. 그 후 근무시작일과 샐러리가 명시된 오퍼레터를 받고 사인해서 보내면 공식계약이 성사된다. 그러므로 공식적으로 오퍼레터를 받기 전에 서로 상의하는 과정에서 이런 종류의 보너스들이 언급되어야 한다. 회사에서 먼저 제시하지 않는다면 주저하지 말고 물어보도록 하자.

간혹 이런 것까지 언급하는 모습이 안 좋게 보일까 우려하는 경우를 보았다. 철저한 한국식 사고방식이다. 기본적으로 미국인들은 생각보다 훨씬 합리적이다. 많고 적음을 떠나서 이런 것 하나까지도 꼼꼼히 체크하는 모습을 오히려 높게 평가할 수도 있다. 아무런 언급 없이 무조건 받아들이는 것보다는, 협상을 이끌어 나가려는 자세가 프로페셔널하게 보일 수 있다. 무례하게만 접근하지 않는다면 문제될 것이 없다. 당당하게 물어보고 요구해보자.

은퇴연금 및 건강보험

우리나라와 마찬가지로 미국도 직원들에게 이것저것 제공해 주는 각종 복리후생제도(Benefit)가 있다. 대표적으로 일반 기업체의 401K라는 것이 있는데, 쉽게 말해 미국의 은퇴연금 혜택이라고 보면 된다.

'401K'라는 명칭은 미국의 국세법 401조 K항에서 유래했다고 한다. 미국 엔지니어가 되려면 알아야 할 부분이니 좀 더 살펴보도록 하자. 401K는 직장인들의 은퇴연금 계좌로 매달 급여에서 본인이 정한 일정액을 떼어 저축해나가는 방식이다. 401K가 복리혜택에 속한 이유는 Company matching(회사에서 더해 주는 금액) 때문이다.

매칭해 주는 비율은 회사마다 다르다. 가령 회사의 매칭 비율이 50%라고 한다면, 본인이 401K 저축액을 매월 300불로 정한 경우 회사에서 본인저축액 300불의 50%에 해당하는 150불을 추가로 매칭해 준다는 뜻이다. 즉 매월 총 450불이 본인의 401K 계좌에 저축되는 개념이다. 401K는 기본 샐러리나 보너스 이외에 별도로 제공되는 부분이므로 복리혜택 중 큰 부분을 차지한다.

하지만 회사마다 매칭 비율도 다르고, 근무연수에 따라 일찍 퇴사하는 경우에는 일부 혜택을 받지 못하는 경우도 있다. 그래서 더욱 자세히 알아봐야 한다. 401K는 순전히 개인의 은퇴연금이므로 다른 직장으로 이직하는 경우에도 원한다면 계속 쌓아갈 수 있다. 새로운 직장의 401K 계좌로 옮겨서 은퇴할 때까지 계속 저축이 가능하다.

각종 복리혜택 중 또 하나 중요한 건 바로 Health Insurance(건강보험)다. 한국과 달리 미국은 건강보험이 사보험 위주로 되어 있다. 많이 알려진 대로 의료비 및 건강보험료가 가히 상상을 초월한다. 병원비가 정말 끔찍할 정도로 비싸다.

2007년 상영된 마이클 무어 감독의 다큐멘터리 영화 〈Sicko식코〉를 보았는가? 이 영화는 미국 의료제도 및 건강보험시스템의 문제점들을 적나라하게 파헤치고 있다. 세계 최강국이란 호칭이 무색할 정도로 황당하고 제도 자체에 많은 모순이 드러난다.

이처럼 미국에선 건강보험료가 상상을 초월할 정도로 비싸다 보니, 저소득층의 경우엔 의료보험이 없이 사는 사람들도 많다. '오바마 케어'로 알려진 의료보험 개혁법안으로 다소 개선되긴 했지만 여전히 수천만 명의 의료보험 미가입자들은 하루하루 아프지 않기만을 바라며 불안하게 살아가고 있다.

한국 교민들도 예외는 아니다. 직장 의료보험이 없는 소규모 자영업자들은 그냥 무보험으로 살아가는 경우가 다반사다. 어디를 크게 다치거나 하면 눈물을 머금고라도 병원에 가겠지만, 웬만큼 아파서는 병원에 갈 수 없다. 그냥 약국에서 파는, 의사처방 없이도 살 수 있는 간단한 약으로 버티며 살아가는 것이다. 우리나라처럼 감기만 걸려도 손쉽게 동네 병원으로 달려가는 일은 상상조차 하기 힘들다.

간혹 치과 임플란트 치료처럼 큰 비용이 드는 경우에는 아예 한국에 치료차 다녀오는 경우도 흔하다. 경우에 따라서는 비싼 항공료를 지불하더라도 한국에서 치료받는 비용이 미국 현지에서 치료받는 것보다 훨씬 저렴하기 때문이다.

이런 현실 속에서 건강보험은 직장인의 큰 복리혜택 중 하나이다. 사보험 위주의 미국 건강보험은 종류도 다양하고, 각 종류별 플랜마다 비용 또한 천차만별이다. 그러므로 회사에서 제공되는 건강보험이 어떤 플랜이고, 또 매달 본인이 부담해야 하는 비용은 어느 정도 인지 꼼꼼히 알아볼 필요가 있다.

미국은 기본적으로 보험료가 워낙 비싸기 때문에, 회사에서 많은 금액을 커버해 주더라도 일정 부분 본인이 부담해야 하는 비용이 있다. 만약 회사에서 제시한 기본 샐러리가 다소 낮더라도 401K 매칭 조건이나 의료보험 플랜이 괜찮은 경우라면 장기적으로 볼 때 나쁘지 않다. 일반적으로 401K 매칭 조건이나 건강보험 등의 복리혜택 사항은 회사에서 이미 정해 놓은 방침이 있다. 추가로 협상해서 조절할 수 있는 사항은 아니다.

하지만 여러 곳에서 동시에 오퍼를 받은 경우에는 각각 다르게 제공되는 복리후생제도들도 꼼꼼히 살펴보고 비교한 후 최종 결정하는 것이 바람직하다.

개인 유급휴가

미국에서 엔지니어로 살아가는 장점은 생각보다 많다. 그 중 빼놓을 수 없는 한 가지는 한국에 비해 훨씬 자유롭게 사용가능한 개인 유급휴가(Paid vacation time)이다. 미국 직장도 한국과 마찬가지로 매년 유급휴가가 제공된다. 이것 또한 직장 복리후생제도 중 하나이므로 회사마다 그 종류도 다르고 경력이나 직급별로 휴가일수에도 차이가 난다.

개인 유급휴가는 직장별로 개인휴가(Personal Leave), 연차휴가(Annual Leave), 병가휴가(Sick Leave), 개인휴무일(Personal Holiday) 등 여러 가지 종류가 있다. 개인휴가와 관련하여 한국에 비해 특히 좋은 점은 언제든 미리 신청만 하면 편하게 사용할 수 있다는 것이다.

우리처럼 개인휴가를 사용할 때 윗사람의 결재를 받기 위해 눈치를 보거나 하지 않는다. 한국도 요즘은 분위기가 많이 달라지고 있다지만 오래된 관행과 정서는 쉽사리 바뀌지 않는다. 아무리 개인휴가라고 해도, 상황에 따라 쉽사리 휴가를 떠나지 못하는 분위기는 여전히 남아 있다.

말 그대로 개인휴가는 개인의 고유한 권리에 해당한다. 미국은 직장상사가 개인휴가를 터치하는 경우가 거의 없다. 회사마다 조금씩 규정이 다르긴 하지만 만약 그해에 주어진 개인휴가를 다 사용하지 못하면 그냥 사라지지 않고 다음 해로 이월(Roll over to next year)되는 곳도 많이 있다. 이런 경우엔 굳이 특별한 휴가계획이 없어도 그해에 주어진 휴가를 다 소진하기 위해 일부러 사용할 필요가 없다. 아껴두었다가 나중에 언제든 필요할 때 필요한 만큼 사용하면 된다.

또한 대부분의 직장은 퇴직을 할 때 남아 있는 개인휴가 시간에 대해 본인의 시간당 임금으로 계산해 전부 돈으로 돌려준다. 대표적인 복리혜택 중 하나인 개인 휴가는 샐러리의 한 부분이나 마찬가지이기 때문이다. 상당히 합리적이다.

일반적으로 개인휴가 등의 복리혜택은 소규모 회사에 비해 규모가 큰 기업일수록 좋은 경우가 많다. 또한 민간분야(Private sector)인 사기업보다는 공공분야(Public sector)인 정부기관의 경우가 여러 가지로 혜택이 좋다. 미국의 대표적인 공공분야는 연방정부(Federal Government), 주정부(State Government), 및 지역 정부(Local Government, County or City) 등이 있다.

병가휴가(Sick Leave)는 몸이 아프거나 건강검진 등의 이유로 병원에 가야 할 경우 사용하는 휴가이다. 병가휴가 역시 복리후생제도에 해당하므로 회사마다 제공되는 시간 및 조건이 약간씩 다르다. 대부분의 경우 병가휴가는 본인 자신이 아닌 가족들을 위해서도 사용이 가능하다. 가족이 아프거나 같이 병원에 가야 하는 경우, 즉 가족을 돌보기 위해 회사에 나오기 힘든 경우 휴가를 쓸 수 있다.

미국에서 직장생활을 하다보면 느끼게 될 것이다. 대부분의 미국 직장 문화에선 직원들의 가족을 정말 많이 고려해 준다. 아무리 회사 일이 밀리고 바쁜 상황이라도 만약 가족이 아파서 돌봐야 하는 경우라면 무조건 보내준다. 딱히 응급상황이 아니어도 가족을 돌보는 일이라면 상당히 협조적이다.

미국에서 10년간 직장생활을 하며 직원 및 가족의 건강을 우선순위에 두는 모습에 감동을 받은 적이 여러 번 있다. 20여 년 전 한국에서 직장생활을 할 때는 정말 상상도 하기 힘든 일이다. 지금은 우리나라 직장들도 분위기가 많이 변했기를 기대해 본다.

전문분야 자기계발

미국 엔지니어의 또 다른 복리혜택 중 하나는 전문분야 자기계발(Professional development) 지원이다. 복리후생제도가 잘 되어 있는 직장들은 직원들의 전문분야 자기계발을 위해 지원하는 여러 가지 프로그램을 가지고 있다. 예를 들어 직장생활을 하며 파트타임으로 대학원 등에서 수업을 들을 경우(해당 업무과 관련된 전문분야에 한해서), 수업료의 전액 또는 일부를 지원해 주기도 한다. 이런 경우 대부분 야간 수업을 선호하지만 업무스케줄에 특별한 문제만 없다면 일주일에 한두 번 정도는 주간 수업도 가능하다.

물론 매니저와 미리 상의하여 허락을 받아야 하겠지만, 본인의 스케줄에 맞춰 주당 정해진 근무시간에 차질만 없으면 딱히 문제 삼지 않는다. 이런 식으로 직장생활을 하면서 동시에 대학원에서 파트타임으로 석사 학위를 받는 경우도 여러 번 보았다.

또 다른 전문분야 자기계발 지원 프로그램 중 하나는, 각종 단기강좌(Short course)나 기술세미나, 트레이닝 코스 등 여러 가지 PDH(Professional Development Hour, 전문분야 계발시간)를 위해 필요한 비용의 전액 또는 일부를 지원해 주는 것이다. 전문직인 미국 엔지니어는 새롭게 개발되는 기술들과 관련하여 끊임없는 자기계발을 요구하는 직종이다. 많은 주의 경우 PE(Professional Engineer, 기술사) 자격증을 2년마다 갱신하도록 되어 있다. 자격증 갱신을 위해서는 일정시간 이상의 PDH를 필요로 한다. 유효기간 만료 후 갱신하지 않은 자격증은 PE Stamp(기술사 인장)를 사용할 수 없다. 한마디로 미국에서 엔지니어로 계속 일을 하려면 자기계발에 시간과 비용을 투자하라는 뜻이다.

각 주마다 기술사 자격증과 관련된 자세한 법령은 조금씩 다르지만 기본 취지는 대부분 비슷하다. PE 라이센스가 필요한 회사의 경우 대부분 PDH와 관련하여 필요한 시간과 비용을 지원해 준다.

미국은 조금만 관심을 가지고 찾아보면 주변에 다양한 배움의 기회가 해마다 넘쳐난다. 각종 학회나 협회, 대학 등에서 주관하는 여러 가지 컨퍼런스 및 기술세미나, 트레이닝 코스 등 좋은 기회를 손쉽게 접할 수 있다. 최근에는 특정 토픽과 관련하여 기업체 등에서 주관하는 Webinar(웹 기반 세미나)를 통해서도 많은 것을 배울 수 있다. 웨비나의 경우는 인터넷으로 참석하는 방식이므로 시간과 비용이 많이 들지 않는다.

이렇듯 가능하다면 찬스가 있을 때마다 여러 가지 자기계발 기회를 적극 활용하는 것이 바람직하다. 미국 엔지니어로 살아남으려면 꾸준한 자기계발을 통한 커리어 관리가 필요하다. 이런 것들과 관련된 시간 및 비용을 회사에서 지원해 준나면, 그것 또한 복리혜택 중 한 부분을 차지하는 것이다. 기왕이면 다홍치마라 하지 않는가. 복리후생제도에 대해 상의할 기회가 있으면 어떤 종류의 프로그램이 있는지, 또 회사에서 어느 정도까지 지원이 가능한지 미리 알아보는 게 현명하다.

연봉 및 보너스 협상 전략

세상 이치는 다 똑같다. 고용주 입장에서야 조금이라도 아끼고 싶어 할 것이고, 고용된 입장에서는 조금이라도 더 많이 받고 싶은 게 인지상정人之常情이다. 하지만 이쪽 분야도 엄연히 시장가격(Market value)이라는 게 형성되어 있다. 회사의 규모나 지역, 본인의 경력 및 포지션에 따라 조금씩 차이는 있으나 합리적인 샐러리의 평균 및 범위는 손쉽게 검색이 가능하다.

지원하는 잡 포지션의 샐러리 검색을 위한 대표적인 웹사이트는 샐러리(www.salary.com)가 가장 유명하다. 앞 장에서 소개했던 채용 정보 검색용 핵심 웹사이트인 인디드(www.indeed.com)나 글래스도어(www.glassdoor.com) 등에서도 포지션에 따른 지역별 평균 샐러리 검색이 가능하다.

우선 인터넷 검색을 통하여 지원하는 회사의 지역과 포지션에 해당하는 평균 샐러리를 꼼꼼히 조사해보자. 충분한 조사를 통하여 본인의 합리적 시장가격이 대략 어느 정도 선인지는 미리 파악하고 있어야 한다. 만약 회사에서 제시한 연봉이 해당 지역의 평균가에 미치지 못한다면 본인의 가치를 제대로 인정받지 못한다는 뜻이다. 이 경우 제시받은 연봉 이외에 추가로 보너스를 더하기 위한 협상 전략을 세워야 한다.

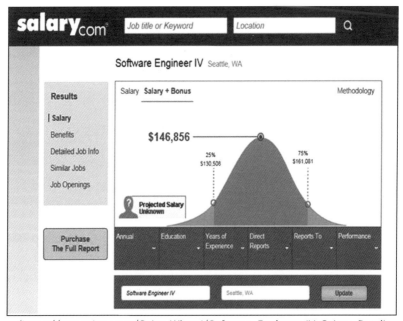

(https://swz.salary.com/SalaryWizard/Software-Engineer-IV-Salary-Details-
Seattle-WA.aspx)

　미국 엔지니어는 프로페셔널이다. 말 그대로 프로가 되려면 본인
의 권리 정도는 당당하게 요구하는 적극적 자세가 필요하다. 한국인
정서상 돈과 관련된 이야기는 많이들 꺼린다. 샐러리 관련해서도 쉽
게 말하지 못하고 망설이는 경우를 간혹 접한다.

　미국 엔지니어를 꿈꾼다면 마인드 자체를 바꿔야 한다. 미국에서
어느 정도 살다보면 자연스럽게 느끼게 되겠지만 미국 사람 성서는
우리와 많이 다르다. 특히 돈의 경우가 대표적이다.

　금액의 크고 작음을 떠나서 정말 매정하리만큼 칼같이 계산한다.
직장 동료들끼리 간단한 점심식사나 맥주 한 잔, 심지어 커피를 한
잔하는 경우에도 페이는 각자 따로 한다. 기본적으로 더치페이 마인

드가 철저하게 몸에 배어 있다. 어려서부터 그런 문화 속에서 자라왔을 테니 어찌 보면 당연한 모습이다. 사회분위기 자체가 그렇다보니 여러 명이 식사를 할 경우엔 아예 계산서 자체를 각각 따로따로 가져다주는 경우도 흔하다. 한 번씩 돌아가면서 밥값을 내는 문화에 익숙한 한국인 입장에선 처음엔 많이 어색하지만, 살다보면 어느새 이런 문화에 적응된다.

미국에서는 돈과 관련된 이야기도 미국식 스타일로 접근하는 게 좋다. 한국식 스타일로 생각하고 판단하지 말자.

돌이켜보면 나도 미국에서 처음 취업할 때는 협상이라는 개념 자체가 없었다. 일단 인터뷰를 무사히 통과했다는 사실 자체로 마냥 들떠서 기뻐했다. 많은 이들이 처음에 다들 비슷한 경험을 하게 된다. 아니면 혹시라도 보너스에 대해 이것저것 언급했다가 입사 전부터 괜히 안 좋은 이미지를 심어주진 않을까 하는 염려들을 한다. 그러다보니 연봉협상은 아예 생각조차 안하는 경우가 많다.

미국인의 정서로 판단하자면 프로답지 못한 행동이다. 실전 경력이 쌓이다보면 차차 깨닫게 될 것이다.

많은 경우 미국인들은 취업 시 조금이라도 더 받기 위해 이것저것 여러 가지 밀당을 한다. 앞서 설명한 것처럼 연봉 이외에도 추가로 협상이 가능한 보너스가 여러 가지 있다. 회사의 복리후생제도가 훌륭한 경우라면 샐러리를 어느 정도 양보해도 괜찮다.

401K 은퇴연금 매칭이나 의료보험 등의 복리혜택으로 보완하면 된다. 하지만 복리후생제도가 별로라면 연봉이나 보너스라도 제대

로 받아야 한다. 프로의 세계에서 합리적인 시장가격은 제대로 인정받는다는 것을 의미한다.

충분한 자료조사로 꼼꼼히 비교해보고 요구할 건 당당히 요구하자. 옛말에 '우는 아이 떡 하나 더 준다.'고 하지 않던가? 꼭 명심하자. 아무 것도 요구하지 않으면 아무 것도 얻을 수 없다.

"If you don't ask, you won't get!"

2. 미국 엔지니어 취업 시 그 무엇보다 중요한! 체류신분

외국인의 가장 큰 스트레스, 체류신분 문제

한국과는 너무도 다른 미국 엔지니어의 삶, 일과 삶의 균형을 가장 중요하게 생각하고, 나이에 따른 은퇴가 존재하지 않는 미국 엔지니어. 한번뿐인 인생에서 한번쯤은 멋지게 도전해볼 만한 일임에 자명하다. 미국 엔지니어가 되어 글로벌 시장에서 멋지게 활약하고 있는 자신의 모습은 상상만 해도 가슴이 벅차오른다. 그런데 미국 엔지니어의 삶에 이런 장밋빛 모습만 있을까? 미국 엔지니어로 살아갈 때 가장 큰 스트레스는 과연 무엇일까?

이역만리 미국 땅에서 외국인으로 살아간다는 건 결코 호락호락하지 않다. 언어와 문화가 다른 남의 나라에서 이방인으로 살아간다는 건 외롭고 힘든 여정이다. 간혹 말을 잘못 알아듣거나, 하고 싶은 말을 제대로 표현하지 못해 억울한 일을 당하기도 한다. 특히나 체류신분에 문제라도 생긴다면 그 서러움과 고통은 이루 말로 표현하기조차 힘들다.

기회의 땅 미국에는 오늘도 수많은 외국인들이 여러 가지 형태로 하루하루 삶을 이어가고 있다. 그 중 누군가는 아메리칸 드림을 성취한 기쁨 속에 달콤함을 누리고 있고, 또 다른 누군가는 자신의 꿈을 향해 열심히 달려가고 있을 것이다. 하지만 결코 간과할 수 없는 사실이 하나 있다. 그 누군가는 지금 이 순간에도 해결하지 못한 체류신분 문제로 엄청난 스트레스 속에 하루하루를 버티고 있다는 것이다.

수많은 외국인이 아메리칸 드림을 꿈꾸며 모든 것을 쏟아 붓고 미국 이민을 선택한다. 고생 끝에 성공하는 사례도 많지만, 여러 가지 이유들로 고통 받고 실패해서 돌아가기 경우도 부지기수다. 그 중 대표적인 사례가 다름 아닌 '체류신분(Legal status)' 때문에 망하는 경우다. 체류신분 문제를 확실하게 해결하지 못하면 순식간에 불법체류자 신분으로 전락할 수 있다.

미국 삶에서 그 무엇보다 먼저 체류신분 문제를 해결하는 것은 그야말로 기본 중의 기본이다. 특히 가족을 동반한 경우라면 더더욱 중요하다. 미국에서 외국인 신분으로 일하기 위해서는 우선 합법적으로 돈을 받고 일할 수 있는 법적 자격을 갖추어야 한다. 이 자격이 없으면 아무리 실력이 뛰어나고 능력을 인정받아도 미국에서 일하는 것 자체가 명백한 불법이다.

미국은 시민권자나 영주권자가 아닌 경우, EAD(Employment Authorization Document)라고 불리는 '고용허가증'을 발급받아야 합법적으로 체류하며 일을 할 수 있다. 이를 위해서 우선적으로 필요한 과정은 다름 아닌 '비자Visa'를 발급받는 것이다. 기본적으로 취업이 가능한 비자를 소지하고 있어야 고용허가증을 받을 수 있다. 미국에서 비자를 받고 일을 할 수 있는 기간은 기본적으로 정해져 있다. 장기적으로 볼 때 미국 이민을 고려한다면 미리미리 영주권 신청을 준비하는 것이 현명하다.

지금부터는 비자 및 영주권의 취득 및 특징에 대해서 자세히 알아볼 것이다. 강조하고 싶은 것은 미국에서 엔지니어로 취업하고자 할 때는 무엇보다 체류신분 문제부터 확실하게 해결해야 한다는 것이다. 미국 취업을 위한 비자 및 영주권 취득 과정은 그야말로 가장 중요한 핵심사항이다. 다소 비용이 들더라도 전문가의 도움이 필요하다면 아끼지 말고 제대로 해결해야 한다. 통상적으로 체류신분은 취업하는 직장에서 스폰서를 받고 해결한다.

취업비자 및 영주권 취득 절차는 시간과 비용을 요하는 과정이다. 철저히 준비하여 실수가 없도록 하는 것이 현명하다. 다시 한 번 강조한다. 미국 엔지니어로 취업할 때 그 무엇보다 중요한 것은 체류신분 문제부터 확실하게! 해결하는 것이다.

단기 취업비자(H-1B Visa)

H-1B 비자는 미국 이민법에서 규정하고 있는 50가지 종류의 비자 중 하나로, 사람들이 흔히 말하는 미국 취업비자이다. 말 그대로 미국에 취업하여 일하고자 하는 외국인들을 위해 발급하는 것이다.

H-1B 비자는 학사 이상의 학위를 소지한 외국인이 자신의 전공분야에서 전문직(Specialty occupation)으로 종사하고자 할 때 USCIS(United States Citizenship and Immigration Services, 미 이민국)에서 발급해 준다. 기본적으로 연간 65,000개의 비자 쿼터Visa quota가 책정되어 있고, 미국 대학원 졸업자에게 추가로 20,000개의 비자가 할당된다. 즉 매년 85,000개(학사 65,000개, 석·박사 20,000개)의 H-1B 비자가 발급되는 것이다.

통상적으로 비자 신청자 수는 할당된 정원 이상이므로 매년 추첨을 통해 발급된다. H-1B 비자는 매년 4월 1일부터 접수를 시작하고, 승인을 받으면 같은 해 10월 1일부터 합법적으로 일할 수 있다.

H-1B 비자 발급은 외국인을 직원으로 채용하고자 하는 고용주, 즉 회사가 스폰서가 되어 이민국에 신청을 함으로써 이루어진다. 단기 취업비자이므로 체류기간은 기본 3년이다. H-1B 비자 소지자가 계속 취업 상태를 유지하고 있다면 추가로 3년간 연장이 가능하고, 최대 6년까지 체류할 수 있다. 회사 입장에서는 변호사도 고용해야 하고, 여러 가지 추가비용도 발생하므로 외국인을 채용한다는 것 자

체가 하나의 번거로운 과정으로 생각될 수도 있다.

하지만 지금 이 순간에도 미국에는 수십만 명이 넘는 외국인이 H-1B 비자로 살아가고 있고, 매년 85,000개의 새로운 H-1B 비자가 발급되어진다. 이러한 현실은 아직까지도 미국 취업 시장에서 외국인이 차지하는 비율이 얼마나 큰지를 보여주는 방증이다. 특히나 엔지니어의 경우에는 말할 것도 없다.

최근 트럼프 대통령의 이민정책으로 예전에 비해 기류가 다소 불안정하게 느껴지기도 했지만 여전히 미국 취업 시장에서 엔지니어는 외국인들이 선호하는 최고의 인기직종이다.

H-1B 비자를 발급받은 사람의 배우자와 21세 미만의 자녀들은 H-4 Visa(동반 가족 비자)를 발급해 준다. H-4 비자 소지자는 H-1B 비자 소지자의 동반 가족이므로, 유효 체류기간은 H-1B 비자 소지자와 동일하다. 즉 미국에서 H-1B 비자를 받고 일하는 동안에는 H-4 비자를 받은 가족들과 함께 합법적으로 6년까지 체류가 가능하다. 만약 H-1B 비자 만료 이전에 영주권을 신청하여 이민 절차가 진행 중이라면, 결과가 나올 때까지 그 이상도 합법적으로 체류할 수 있다. 따라서 많은 경우 취업이 되면 일단 취업비자로 생활하다가 향후 영주권으로 이어지는 경우가 가장 일반적이다.

H-4 비자 소지자는 미국에서 학교에 다닐 수는 있지만 합법적으로 취업은 할 수 없다. 외국인이 미국에서 합법적으로 일하려면 H-1B 비자를 발급받거나 취업허가서(Working permit)를 발급받아야

한다.

하지만 H-4 비자 소지자는 워킹퍼밋을 신청할 수 없다. 간혹 이런 법규를 잘 모르거나 알고도 무시하는 경우를 접한다. 당장은 피해갈 수 있을지 몰라도, 모든 기록이 남기 때문에 향후 안 좋은 결과를 초래할 수 있다. 미국에서 불법에 해당하는 행위는 특히 조심해야 한다.

미국은 철저히 법과 시스템에 의해 운영되는 법치국가다. 모든 것이 시스템, 즉 정해놓은 규칙에 의해 돌아간다. 우리처럼 국민정서법, 소위 말하는 '떼법'이 통하는 나라가 아니다. 되는 일은 특별히 원하지 않아도 저절로 되지만 안 되는 일은 아무리 떼를 써도 안 된다. 미국에서는 본인의 부주의나 무지無知도 죄에 해당한다. 예를 들어 교통법규를 위반한 경우 몰랐다고 해서 절대 봐주지 않는다. 운전하기 전에 미리 알아두어야 할 책임이 따르기 때문이다. 한마디로 모르는 것도 죄에 해당한다. 그러므로 비자나 이민법 등 특히 체류신분과 밀접하게 관련된 사항들은 반드시 숙지해 둘 필요가 있다.

교환방문비자(J-1 Visa)

미국 엔지니어 취업 시 H-1B 비자 이외에 고려해볼 수 있는 것이 J-1 Visa(교환방문 비자)이다. J-1 비자는 문화교류를 위한 미국 방문이나 교환학생, 포닥(Post-doc, 박사 후 과정) 또는 단기 인턴 등을 대상으로 발급된다. 기본적으로 교환 또는 훈련 프로그램에 참여하는 사람들을 대상으로 발급하는 비자이다. 미국 취업을 위한 전형적인 방법은 아니지만, 인턴 등의 기회를 고려한다면 이 또한 가능한 방법이다. J-1 비자의 허용 체류기간은 비자 취득자가 참여하는 프로그램에 따라 달라진다. J-1 비자 지원 시에는 대학이나 기업, 정부기관 등의 후원단체가 운영하는 J-1 교환 프로그램에 참여해야 한다.

J-1 비자 취득자의 동반가족에게는 J-2 비자가 발급된다. 앞에서 설명한 H-4 비자와 마찬가지로 배우자나 21세 미만의 자녀에게 발급해 준다. 하지만 H-4 비자와 살짝 다른 점이 있다. J-2 비자를 발급받은 배우자의 경우에는 워킹퍼밋을 신청할 수 있고, 승인을 받으면 미국에서 합법적으로 일을 할 수 있다. J-1 비자도 필요에 따라 최대 5년까지 연장이 가능하다. 미국 엔지니어 취업의 목적이 단순한 미국 경험 및 커리어 개발을 위한 단기적 계획이라면, J-1 비자도 고려해볼 만하다. 하지만 장기적으로 미국 이민을 고려하고 있는 경우라면 H-1B 비자를 발급받는 것이 올바른 접근이다.

J 비자(J-1 or J-2)는 '2년 귀국 의무'라는 것이 있다. J 비자 소지자는 정해진 체류기간이 끝나면 반드시 본국으로 귀국해 2년간 거주해야만 미국에서 체류 가능한 다른 신분을 얻을 수 있도록 해 놓은 제도이다. J 비자를 발급받았던 사람은 향후 계획이 변경되어 H비자나 영주권 등을 수속하게 될 경우, 신청 전에 반드시 2년 귀국 의무를 이행해야 하는 조건이다.

귀국 의무 면제조건에 해당하는 경우라면 면제를 받을 수도 있다. 하지만 절차가 번거롭고 심사 또한 까다롭다. 그러므로 미국 엔지니어 취업이 장기적으로 미국 이민을 고려한 경우라면, 처음부터 J 비자가 아닌 H 비자를 계획하는 것이 바람직하다.

거듭 강조한다. 미국에서 외국인으로 살아가는 데 있어 가장 중요한 것은 체류신분을 해결하는 것이다. 영주권이나 시민권을 받기 이전에는 어쩔 수 없이 비자 신분으로 살아가야만 한다. 따라서 본인의 비자 종류에 따른 여러 가지 제약조건 등을 충분히 숙지하고, 비자 체류기간 만료 이전에 미리미리 대비해야만 한다.

영주권 vs. 시민권

독자 여러분은 미국 엔지니어 취업의 장단기 목표가 무엇인가? 만약 미국 엔지니어로서의 특별한 경험을 쌓기 위해 단기간 직장생활을 하다 다시 한국으로 돌아갈 계획이라면 취업비자로도 충분하다.

하지만 장기적으로 미국 이민을 고려한다면, 영주권은 반드시 취득해야 하는 과정이다. 미국에서 이민자로 살아감에 있어서 영주권은 필수, 시민권은 옵션이라고 보면 된다. 영주권과 시민권을 혼용하여 이야기하는 경우를 종종 본다. 영주권과 시민권은 전혀 다른 것이다. 상식을 넓히는 차원에서 이번 기회에 확실히 알아두자.

'영주권(Green Card)'은 외국인이 미국에서 합법적으로 거주하며 살아갈 수 있는 자격이다. 특별한 문제가 없다면 미국에서 영구적으로 취업활동 등을 하며 체류할 수 있는 증명서인 것이다. 조건부 영주권이 아니라면 기본적으로 10년의 유효기간이 있고, 10년마다 카드를 갱신해야 한다.

영주권은 자칫 잘못하면 언제든지 박탈당할 수도 있다. 영주권자가 사기나 범죄 등 안 좋은 사건에 연루되는 경우가 그것이다. 미국이 아닌 다른 나라에 장기간 거주할 경우에도 마찬가지다.

이민국에서 볼 때 영주권을 포기한 것으로 판단되면 언제든지 영주권을 박탈하고 추방할 수 있다. 한마디로 미국의 보호를 받지 못한다는 뜻이다. 영주권자는 미국에서 합법적으로 거주는 할 수 있으나 신분 자체가 여전히 외국인 신분인 것이다.

이에 비해 '시민권(Citizenship)'은 아예 미국 국적을 취득하는 것이다. 현행법상 미국 시민권 취득 시 대한민국 국적은 자동으로 상실된다. 생물학적으로는 여전히 한국 사람이지만 법적으로는 엄연히 미국 사람이 되는 것이다.

영주권과 시민권의 차이를 아주 간단히 비교할 때 눈에 보이는 대표적인 예는 투표권 유무이다. 똑같이 미국에서 합법적으로 살아가더라도 영주권자는 여전히 신분 자체가 외국인이다. 따라서 미국 내 여러 가지 투표에 참여할 권리가 주어지지 않는다. 단지 투표권의 차이만 있다면 굳이 시민권을 취득하기 위해 노력할 필요가 없다고 할 수도 있겠다. 하지만 좀 더 자세히 살펴보면 영주권과 시민권은 그 외에도 다른 차이가 존재한다.

영주권자는 말 그대로 미국에서 합법적으로 영주할 수 있는 외국 인일 뿐이다. 미국 정부의 보호를 받는 시민(Citizen)과는 다르다. 살다 가 사소한 범죄에 휘말릴 경우 언제든지 미국에서 추방당할 수 있다. 또한 미국이 아닌 해외에서 혹시 모를 전쟁이나 테러, 국제적 분쟁 사건 등 각종 곤경에 처했을 때 미국 정부의 보호를 받지 못한다.

미국은 자국민 보호를 위해 최선을 다하는 국가이다. 미국 시민권 자가 해외에서 공관의 도움이 필요한 경우 정부가 모든 수단을 동원 해 문제를 해결한다. 물론 우리나라도 재외국민 보호를 위해 영사관 에서 여러 가지 업무를 수행하고 있지만 관련법과 제도 등 시스템의 차이를 비교해볼 때 최강대국인 미국이 마냥 부러울 따름이다. 몇 해 전 북한에 억류되어 있던 한국계, 중국계 미국 여기자 2명이 빌 클린 턴 전직 대통령의 방북으로 풀려난 것은 좋은 사례이다.

용산에서 주한미군으로 근무하던 친구에게 이런 이야기를 들은 적이 있다. 한반도 유사시에 미국은 군사작전을 시작하기 전에 주한 미국인을 우선적으로 철수시킨다는 원칙이 있다고 한다. 이를 위해 해마다 주한 미국인 긴급 철수작전을 실시한다고 한다. 미국은 한반 도 전쟁위기설이 있을 때마다 20만 명이 넘는 주한 미국인의 대피 작 전을 미리 세워두고 있다는 것이다.

영주권과 시민권의 또 다른 차이는 취업과 관련된 것이다. 시민권자에 비해 영주권자는 취업에 불이익을 당할 수도 있다. 대표적인 경우가 미국 공무원, 특히 연방공무원의 경우이다. 미국 연방정부(Federal Government) 소속인 연방공무원의 경우, 미국 시민권자가 아니면 아예 지원자격 자체가 되지 않는다. 중요한 안보와 관련된 국가기관이나 연구소 등도 마찬가지이다.

특별한 경우 어쩌다 예외가 있기도 하지만 기본적으로 미국 연방공무원을 꿈꾼다면 일단 미국 시민권을 취득하는 것이 필수 조건이다. 하지만 주정부(State Government)나 시청, 카운티 등 지방정부(Local Government)의 경우에는 일반적으로 영주권자도 취업이 가능하다. 각 주마다 또는 정부기관마다 다르지만, 경우에 따라서는 영주권이 없이 취업비자(H-1B Visa) 상태로도 취업이 가능하다. 주변에서도 종종 보았고, 이 책을 쓰고 있는 나 역시도 취업비자 상태에서 주정부에 취업한 대표적인 1인이다.

여러 번 언급하였듯, 50개의 주로 이루어진 광활한 미국은 주마다 법이 다르다. 한가지 공식을 적용하기엔 곤란한 경우가 허다하다. 일부 몇몇 경험들을 가지고 미국 전체로 일반화시키려 하다 보면, 그야말로 '장님 코끼리 만지기'가 되기 십상이다. 그러므로 영주권이나 시민권이 없다고 해서 미국 공무원 자리를 미리 포기하는 것은 어리석은 행동이다. 폭넓은 조사를 통해서 합법적으로 취업할 수 있는 포지션이 있는지부터 알아보는 것이 현명하다. 뜻이 있는 곳에 길이 있다고 하지 않던가!

자, 그럼 이제 다시 현실로 돌아가 보자. 미국 시민권도 영주권도 없는 사람이 미국 엔지니어로 취업하고자 한다면, 특히 장기적으로 이민을 고려하는 경우라면 어떤 절차가 필요할까? 일단 이민국으로 부터 취업비자(H-1B)를 발급받아야 한다. 취업비자를 발급받고 합법 적으로 일하는 동안에는 가족들과 함께 일단 6년까지 체류가 가능 하다. 만약 그 사이에 영주권 신청이 되었다면, 결과가 나올 때까지 6년 이상도 합법적인 체류가 가능하다고 했나. 따라서 일단은 취업 비자로 살아가다가 적절한 시점에 영주권 신청이 들어가야 한다.

영주권 취득 절차는 크게 두 가지 방법이 있다. 첫 번째 방법은 취 업비자와 마찬가지로 회사에서 스폰서를 받고 진행하는 방법이다. 회사에서 지속적으로 일하기 위해 영주권을 신청하는 개념이므로 취업이민(Employment-Based Immigration)에 해당한다.

이 경우 본인의 조건에 따라 대부분 2순위(EB-2) 또는 3순위(EB-3)로 신청을 하게 된다. 2순위로 영주권을 신청하기 위해서는 석사학위 이상을 요구하는 직종이거나, 학사학위 후 5년 이상의 경력을 요구하는 직종이어야 가능하다. 이 두 가지 조건이 아니라면 3순위로 신청해야 한다. 3순위에 비해 2순위의 좋은 점은, 영주권을 더 빨리 받을 수 있다는 점이다. 3순위의 경우 너무 많은 신청자들로 인해 대기시간이 엄청 길어진다는 단점이 있다.

또 다른 방법은 NIW(National Interest Waver, 국가이익 면제)의 경우처럼, 자격만 된다면 아무런 스폰서 없이 본인 스스로 영주권을 신청하는 경우이다. NIW는 고학력자 독립 이민에 해당하는 방법으로, 주로 이공계열 석·박사학위 소지자들에게 유리하다. 이 방법은 본인의 전문분야가 국가적 중요성이 있는 분야로, 이민이 미국의 국익에 도움이 된다는 것을 증명함으로써 노동인증서(Labor Certification) 면제를 신청하는 과정이다. 따라서 NIW 방법은 고용주가 없어도 신청이 가능하고, 회사에서 스폰서를 받고 진행하는 방법보다 수속기간이 짧다는 장점이 있다.

취업비자와 영주권, 시민권 등 체류신분 문제해결과 관련해서는 수많은 사례가 있다. 경우의 수가 너무 많기 때문에 몇몇 대표적인 사례를 본인의 상황을 적용하기에는 다소 무리가 따를 수도 있다. 그 어느것보다 중요한 문제이므로 가장 확실한 방법은 이민법 전문가의 도움을 받는 것이다. 핵심은 미국 엔지니어로 취업해서 살아가기 위해 신분 문제부터 해결하는 것이 가장 중요하다는 것이다. 당장 취업에 필요한 취업비자는 물론, 장기적으로 이민을 고려한다면 영주권도 필수항목이므로 반드시 숙지하고 미리미리 준비해 나가야 한다.

비자 1순위, STEM 우선순위제

외국인에게 미국 체류신분 문제는 언제나 가장 큰 스트레스다. 하지만 미국 엔지니어를 꿈꾸는 우리에게는 H-1B 취업비자와 관련하여 그나마 다행인 것이 있다. 다름 아닌 'STEM 우선순위제'라고 하는 제도이다. STEM(Science, Technology, Engineering, Mathematics) 우선순위제란 과학, 기술, 공학, 수학 4개 분야 전공의 석사학위 이상 취득자가 최우선적으로 H-1B 비자 쿼터를 배정받을 수 있도록 우선순위(Orders of preference)를 도입한 제도이다.

앞서 언급했듯, H-1B 비자는 매년 정해진 숫자의 쿼터가 있다. 비자 우선순위제는 총 9단계(1순위-9순위)로 세분화 되어 순어에 따라 비자를 발급하는 제도이다. 이 제도에 의해 미국 대학에서 STEM, 즉 과학, 기술, 공학, 수학 분야를 전공한 석·박사 유학생은 최우선권인 1순위로 H-1B 비자를 발급받을 수 있다. 한마디로 미국 내 대학의 STEM 분야 전공자를 우선적으로 채용하겠다는 것이다. 따라서

H-1B 취업비자 취득 기회를 높이려면 미국 내 대학원을 졸업하는 것이 훨씬 유리하다.

지금까지 미국 엔지니어 취업 시 가장 중요하면서도 가장 큰 스트레스인 체류신분에 대해서 알아보았다. 미국 내 합법적인 체류를 위해 비자 및 영주권을 취득하는 과정은 외국인이라면 누구나 피해갈 수 없는 통과의례通過儀禮이다. 비자 및 영주권을 취득하는 방법은 그 종류별로 수많은 사례가 존재한다. 각각 처해진 상황 및 경우에 따라 그야말로 '케바케(Case by case)'라고 할 수 있다. 각 전공별로 다양한 사례들이 존재하므로 충분한 사례학습(Case study)을 통하여 관련 정보를 늘려가는 것이 현명하다.

요즘엔 인터넷을 조금만 서치하면 다양한 사례를 손쉽게 접할 수 있다. 이와 관련하여 가장 유명한 웹사이트는 '워킹유에스'(www.workingus.com)이다. 이 사이트에는 미국 취업, 비자 및 영주권뿐만 아니라 미국 이민생활과 관련된 다양한 정보를 찾아볼 수 있다. 비자 관련 포럼 코너에 올라온 수많은 질문 및 답변 등을 통하여 여러 가지 사례를 참조하기에 유용하다. 또한 워킹유에스를 방문하는 이민법 전문변호사들도 많으므로 비자 및 영주권 취득 관련하여 전문가의 도움이 필요하면 쉽게 컨택할 수도 있다. 다만 넘치는 정보들 속에는 간혹 오래된 정보 및 잘못된 정보도 항상 섞여 있기 마련이므로, 반드시 해당 분야의 전문가를 통하여 정확한 도움을 받는 것이 가장 확실하다.

거듭 강조한다. 미국 엔지니어 취업 시 무엇보다 중요한 일은 체류 신분 문제부터 확실하게 해결하는 것이다. 여기까지 열심히 달려온 여러분 모두를 응원하며 건투를 빈다. Good Luck!

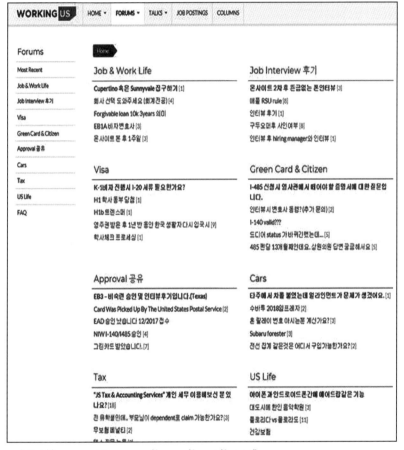

(http://www.workingus.com/forums/forum/forum/)

Epilogue

꿈을 향한 도전, 지금 바로 시작하자

외국에 나가면 누구나 애국자가 된다고 했던가? 한국에서는 먹고
살기 급급해 잘 보지도 못하던 저녁 뉴스를 이곳에선 거의 매일 습
관적으로 챙겨보게 된다. 정작 살고 있는 미국의 지역 뉴스는 스킵
해도, 태평양 건너 한국 뉴스는 빠트리지 않는다. 요즘은 인터넷 덕
분에 미국에서도 거의 실시간으로 한국 뉴스를 접하고 있으니, 그
야말로 지구촌 마을이다. 한국을 떠나온 지 어느덧 15년. 미국에서
살아가는 햇수가 늘어갈수록 고국을 향한 관심과 애정은 날로 커져
만 간다.

한국 뉴스를 접하며 알게 된 신조어 가운데 마음을 아프게 했던 단
어들이 있다. 흙수저, 갑질, 그리고 헬조선.
인생의 출발선 자체가 다른 금수저들을 바라보는 흙수저들은 삶
의 희망을 잃어가고 있다. 가진 자들의 갑질 횡포에 시달리며 힘겹게
살아가는 서민들에게 한국은 어느덧 헬조선이 되어버렸다. 한국 사

회의 고질적 병폐인 특권과 반칙은 적폐 청산이란 숙제를 안겨주었다. 장기화된 불경기 속에서 서민들의 삶은 좀처럼 나아질 기미가 보이지 않는다. 직장인이라면 누구나 꿈꾸는 '저녁이 있는 삶.' 우리는 과연 언제쯤 헬조선이 아닌, 행복한 대한민국을 맞이할 수 있을까?

엔지니어라는 이름으로 동시대를 살아가는 한국과 미국의 수많은 기술자들. 같은 하늘 아래 같은 직업이지만, 삶의 모양새는 너무도 다르다. 사회적 인식의 차이는 말할 것도 없고, 근무조건과 보수면에서도 상당한 차이가 나는 게 현실이다. 미국에서 하루하루 엔지니어로 살아가며 많은 생각을 하게 된다. 한국에서 엔지니어로 일할 때는 주어진 모든 현실 상황이 그저 당연한 것이라 생각했다. 미국에 나와서야 비로소 깨닫게 되었다. 그저 당연하게 받아들였던 많은 일들이 결코 당연하지 않다는 것을. 세상은 넓고 기회는 넘쳐난다는 사실을.

언제부턴가 미국 엔지니어를 꿈꾸는 후배들이 토로하는 고민과 어려움을 접할 기회가 많아졌다. 그들 대부분이 느끼는 답답한 심정은 별반 다르지 않다. 불확실한 미래에 대한 두려움과 막연함, 제대로 된 가이드 하나 없는 막막한 현실은, 많은 이들의 도전을 가로막고 있다. 인터넷 여기저기를 떠돌아다니는 단편적 자료들로는 갈증을 해소하기에 턱없이 부족하다. 새로운 도전을 꿈꾸는 이들에게 당장 필요한 건 무엇보다 정확한 정보를 얻을 수 있는 이정표인 것이다.

미력하나마 도움의 손길을 주고자 집필을 기획했다. 책을 쓰기로 결정하고 생각보다 많은 시간이 흘렀다. 잦은 출장과 바쁜 업무로 집필에 집중하지 못할 때가 늘어날수록 늘 마음 한편이 무거웠다. 막상 자판을 두드리진 못해도, 집필에 대한 열망을 잊었던 날은 단 하루도 없다. 당초 계획보다 많이 늦어졌지만, 포기하지 않고 뚜벅뚜벅 걷다보니 어느덧 마지막 페이지를 쓰고 있다. 포기만 안 하면 반드시 이루어진다는 걸 다시 한 번 깨닫는다.

미국 엔지니어를 꿈꾸는 당신, 머릿속으로 생각만 하고 실행은 하지 않는 일이 있는가? 지금이 바로 그 일을 해야 할 때다. 생각에 그치지 않고 행동으로 옮길 때 비로소 인생은 달라진다. 꿈을 향한 도전, 지금 바로 시작하자!